BESTSELLER

Antonina Canal es conferencista especializada en temas de empoderamiento, sabiduría, evolución y éxito integral, así como sanadora holística de Auro-Soma y experta en numerología, reprogramación del ADN y yoga. Como pionera de la danza oriental y la terapia de danza en Colombia, dirige desde hace más de veinte años la academia Prem Shakti por la que han pasado más de 5.000 alumnas. Además, es empresaria, productora y madre de Ashu, a quien dedica este libro. Es autora de *El despertar de la Diosa* (Grijalbo) y actualmente dicta talleres y conferencias en todo el mundo.

www.antoninacanal.co
www.premshakti.co

Antonina Canal

Sí puedo y es fácil

Atrae todo lo que sueñas y hazlo realidad

DEBOLS!LLO

Penguin
Random House
Grupo Editorial

Título: *Sí puedo y es fácil*
Primera edición: febrero de 2018
Primera edición en Debolsillo: mayo de 2024

Carrera 7 # 75-51, piso 7, Bogotá, D. C., Colombia
PBX (57-1) 7430700

Diseño de cubierta y de páginas interiores:
© Penguin Random House Grupo Editorial / Patricia Martínez Linares
Ilustración de cubierta: © Gettyimages.com

Impreso en Colombia-*Printed in Colombia*

ISBN: 978-628-7641-70-9

Compuesto en caracteres Bembo STD

Impreso por Editorial Nomos, S.A.

Para mi hijo Aswan Marston
y para todas las nuevas generaciones
de pequeños grandes maestros
que vienen a cambiar
el mundo, la educación y la historia.

Este libro está dedicado a los buscadores,
a los que les dijeron mil veces que no podían,
que no eran suficientemente buenos,
a los que insistieron, se reprogramaron,
desafiaron las estadísticas
y lograron transformar los NO *en* SÍ,
porque lo único cierto es que
¡SÍ PODEMOS Y ES FÁCIL
si así lo decidimos!

Contenido

Cuando Antonina me habló por primera vez del método sí puedo y es fácil, recordé una anécdota que oí alguna vez sobre por qué los elefantes de los circos no son capaces de soltar la estaca que los aprisiona y de la cual fácilmente y gracias a su fuerza, se podrían liberar. La explicación aún me asombra. Resulta que no escapan porque han vivido atados a una estaca durante toda su vida. Y aunque es posible que en alguna oportunidad lo hayan intentado, terminan por resignarse y por aceptar su destino.

Ese enorme y poderoso animal no es capaz de soltar la estaca que lo ata porque erróneamente *cree* que no puede. Cuánta similitud tenemos con los elefantes de los circos y cuántas oportunidades dejamos escapar por las creencias equívocas que asumimos como verdades inamovibles.

Antonina es una verdadera *bailarina de la vida* y de una manera valiente y amorosa nos abre su corazón y nos comparte detalles de su propia experiencia. A partir de ese conmovedor testimonio, nos enseña a bailar con nuestros miedos y a abrazar nuestros sueños para poder ser cada día más libres y más felices y convertirnos en mejores guías para las generaciones futuras.

FLORA MARTÍNEZ

Actriz y cantante

Las 13 leyes de oro que componen el método Sí puedo y es fácil

Cada vez que dudes de tu propio proceso, vuelve a esta página y lee las diez lecciones más importantes que aprenderás al terminar de leer este libro:

1. En la vida quien pierde el techo, gana las estrellas.
2. No todo depende del tiempo, sino de la actitud con la que se mira la vida.
3. Agradece los desafíos que llegan a tu vida, porque son oportunidades de crecimiento.
4. Al perder algo que querías con todas tus fuerzas, conquistas lo que nunca imaginaste.
5. No pongas la responsabilidad de tu vida en otros ni en el entorno; las llaves para que todo cambie solo las tienes tú.
6. Rodéate de personas que conozcan tu verdadero valor, que te quieran y te acepten en tus días grises.

7. Aprovecha cada segundo, minuto y hora de tu vida.
8. El tiempo es como un río: nunca podrás tocar sus aguas dos veces porque el agua que ya pasó, nunca pasará de nuevo.
9. Elimina la crítica, el juicio y la comparación. Observa la vida como una serie de aprendizajes e infinitas posibilidades en las que cada ser, situación y evento cumple un propósito y tiene una enseñanza.
10. La vida no es color de rosa, hay muchas escalas de grises que pintan el paisaje de tus días.
11. No busques a la persona perfecta, porque no existe; en cambio, ama las imperfecciones de quien esté a tu lado porque eso es lo que la hace realmente única.
12. Ten cuatro amores y hazlos tuyos: Dios, la vida, la familia y los amigos. Dios, porque es el dueño de la vida y a quien le debes el estar aquí; la vida, porque es corta y es la responsable de tus triunfos, batallas, tristezas y alegrías; la familia, porque es única y son los seres que más nos aman sobre la Tierra y, finalmente, los amigos, porque son escasos y son ángeles que Dios y la vida nos ponen en el camino para que nos acompañen en este viaje.
13. Siempre recuerda dar un abrazo, compartir una sonrisa, decir "Buenos días", "Te quiero" y nunca guardarte un "Te extraño". Estos son detalles que no cuestan nada pero llenan el alma.

Introducción

Te saludo desde el centro de mi ser. Soy Antonina Canal y sí puedo y es fácil. Este libro es el resultado de las conclusiones a las que llegué cuando pensé que no podía dar más de mí y parecía que nada era fácil. Por eso decidí escribirlo con el fin de brindarte herramientas poderosas para que logres transformar tu vida y la de las personas que te rodean, reprogramar tus pensamientos, actitudes y hábitos y entrar en la vibración del sí puedo y es fácil, así como lo hice yo, luego de muchos años de búsqueda y aprendizaje.

A lo largo de mi vida me he cuestionado muchas veces, he estudiado, he buscado, me he caído, me he levantado otras tantas, me he saboteado, he absorbido la negatividad del entorno, he tenido que enfrentar momentos muy difíciles y duros, pero gracias a eso me he transformado y hoy puedo respirar, bailar, entender, responsabilizarme de todo lo que atraigo y de todo lo que creo en cada instante de mi vida. Aprendí a vivir con propósito claro y definido.

En el proceso de la vida aprendí a reprogramar, a sanar, a perdonar y a agradecer. Comprendí que dentro de mí habitan infinitas posibilidades de transformación y evolución. Entendí que todas las situaciones, las personas y los eventos positivos o negativos que atraigo y que creo en mi vida son un espejo de lo que soy y que han llegado a mí para enseñarme algo, mostrarme lo que aún me falta por aprender y tener una comprensión superior. Te invito a convertirte en un canal donde sí puedes y es fácil, el mantra de poder más poderoso que he conocido hasta ahora.

Los mantras son decretos que al repetirlos varias veces modifican la información y pueden transformar tu entorno.

Este mantra llegó a mí en un momento muy difícil: mi hijo tenía cuatro meses de nacido y mi esposo, un cáncer terminal que día a día iba acabando con su vida. Además, tenía sobre mis hombros una gran responsabilidad con mi academia de danza oriental y mi centro de terapia y sanación Auro-Soma. No tenía plan B, ni ningún tipo de ayuda adicional. Debía asumir todos los frentes y acompañar a mi esposo a concluir su ciclo de vida, ser su apoyo durante sus últimos días en la Tierra. Fue un momento muy duro que tuve que enfrentar en otro país, sin mi familia, sin mis amigos, y en la absoluta soledad. En medio de ese dolor y oscuridad empecé a comprender la metáfora de la flor de loto de la que tanto se habla en las historias de sabiduría oriental: nunca es tan oscuro como antes del amanecer y en medio del lodo y del caos puede renacer una hermosa flor.

Una mañana me desperté y oí a mi esposo quejándose por los dolores que sentía. No podía dejarlo solo. Sabía que esos dos hombres dependían de mí, pero en vez de asumirlo con valentía, me sentía confundida, triste y sin esperanzas. De pronto a mi mente vino la imagen de mi hijo. Él había llegado al mundo por una razón y dependía de mi fuerza interior. Entendí que nadie me iba ayudar, que nada iba a cambiar, que la única que podía hacer algo era yo misma y que el único tiempo que tenía era *ahora*. Me senté a meditar, estuve un rato en silencio y lloré, llore mucho.

"Nunca es tan oscuro como antes del amanecer".

Al terminar la meditación respiré profundo y pensé: "¿Qué tal si asumo esta situación como una bendición y decido que sí puedo con todo y que va a ser fácil?". De repente, empecé a comprender lo que por tantos años había leído en libros y lo que trataban de decirme los maestros, gurús, *swamis* en la India y chamanes que había conocido a lo largo de mi vida:

"Cada situación esconde adentro su solución y la comprensión que necesitamos para una evolución superior; depende de cómo la miremos".

De una manera asombrosa que aún no puedo explicar, decidí que sí iba a poder y que además, iba a ser fácil. Este pensamiento cambió totalmente mi sentir, mi energía y mi manera de ver el mundo. Fue en ese momento en el que inició mi viaje interno y mi proceso de transformación hacia el sí puedo y es fácil.

Siempre he tenido claro que nada llega porque sí; las semillas espirituales van germinando y florecen cuando más lo necesitamos. Empecé a repetir el mantra del poder que había descubierto y el peso que sentía sobre mis hombros se disolvió, todo cambió, empecé a fluir y a sentirme más liviana. Acepté la muerte inevitable de mi esposo, el hecho de que todos nos vamos a morir y que en esta vida lo único seguro es el *cambio*, en ese sentido la muerte es otro cambio, normal y natural dentro del proceso del ser humano. También acepté que iba a ser capaz de asumir sola la crianza de mi hijo y de sacar adelante todos mis proyectos. Entendí que el propósito de la vida es precisamente aprender a transformar.

Una mañana me desperté con la serenidad necesaria para sentarme a meditar con mi esposo, afrontar el proceso y así ayudarlo a liberarse de este plano en paz. Le pedí ayuda a mis ángeles, a mis guías y maestros para poder usar las palabras correctas, el tono apropiado, la mirada, la caricia y el poder de comunicar lo que estaba sintiendo mi alma. Ahí estaba a mi lado: un hombre menudo, frágil, de 40 kilos (que pesaba 85 cuando lo conocí). La mitad de su cuerpo estaba paralizado y su miraba desprendía rabia e impotencia. Respiré profundo y le dije: "Mi amor, eres el ser más admirable, amoroso, valiente y lleno de luz. Nunca te quejaste de nada, no tengo palabras para agradecerte. Tu hijo Aswan y yo saldremos adelante y te prometo que nunca le faltará nada. Ha llegado la hora de que continúes tu viaje hacia el infinito y liberes tu cuerpo físico, ya que tu *vehículo* ha terminado su recorrido en este plano y es tiempo de transcender. Estoy aquí para acompañarte en este tránsito. Ten presente que el cuerpo muere pero el alma es inmortal y para siempre estarás con nosotros". Al ver en sus ojos la aceptación de alguien que sabe que va a morir, sentí que mi corazón se rompía en mil pedazos. Ha sido la conversación más dura, difícil y profunda que he tenido en mi vida.

Unos días después falleció. Aún recuerdo una frase que me repetía sin cesar: "¿Eres una bailarina? Entonces baila...". Al principio no supe bien qué quería decir con esto, pero pasado el tiempo comprendí que la verdadera danza de la vida consiste en bailar todos los ritmos que nos ponen a vivir con gracia, honestidad y profundidad sin quedarnos en lo "bueno o lo malo", "lo trágico o lo dramático", ni en las opiniones del ego, o lo terrible que una situación o evento pueda parecer. Las cosas por lo general son mucho más simples de lo que nos imaginamos, pero siempre ha existido la tendencia de la mente de complicar todo, caer en la posición de víctima, quejarse y quedarse en "¿Por qué esto me pasa a mí?".

Lo cierto es que eso nos pasa porque tenemos la capacidad de transformarlo y de salir de esa situación mucho más fuertes, sabios, poderosos, con mil enseñanzas en el alma, e incluso con el poder de apoyar a otros para que descubran que sí es posible y que tan solo se trata de decidir y de transformar toda esa oscuridad, el miedo, el dolor, el apego o el drama en una increíble y preciosa oportunidad de crecimiento.

¿Por qué a veces parece ser tan complicado?

Desde el día en el que decidí que yo podía y que iba a ser fácil, repito todos los días de mi vida: sí puedo y es fácil al enfrentar cualquier situación, desafío, momento o evento, y puedo decir que casi todo lo que he logrado en mi vida ha sido gracias a la reprogramación que hice en esa frecuencia. Cada pensamiento tiene una frecuencia, es decir, una vibración energética. Los pensamientos positivos tienen una vibración alta y los pensamientos negativos, una frecuencia baja, por eso al invocarlos bajan nuestra energía, nos enferman y nos reprimen. En cambio, al alimentar pensamientos positivos elevamos nuestra frecuencia y nuestra vibración. Estoy segura de que gracias a ese mantra he logrado producir junto a mi academia un espectáculo de perfecta sincronía con trescientas bailarinas en escena desde los dos hasta los setenta años de edad, ganar cuatro veces la medalla de oro en el mundial de danza del Cairo, Egipto, y que mi academia Prem Shakti hoy siga en expansión luego de veinte años de un trabajo arduo en equipo.

He logrado compartir este mensaje con mujeres y hombres de todas las edades: desde ejecutivos y empresarios escépticos, hasta mujeres desmovilizadas, personas que están en la cárcel y pacientes en estado terminal, apoyándolos en su proceso de sanación y evolución. También puedo decir lo mismo de mis alumnos de danza y de todos los pacientes que llegan a mi academia con la autoestima en el piso, con depresión, con enfermedades físicas que en realidad son dolencias del alma. Y he visto cómo, luego de procesos de conciencia, sanación y reprogramación, logran *disolver* enfermedades, reducir problemas de próstata, eliminar las adicciones, salir de estados de profunda depresión y encontrar de nuevo la pasión por la vida, las ganas de crear, de crecer y de salir adelante en todo sentido confiando en el proceso perfecto de la vida.

Hay mucho poder en este mantra: ¡sí puedo y es fácil! ¡Si yo lo hice tú también puedes! Empodérate, decide ser feliz y cambiar tu vida, porque *el tiempo es ahora*, el pasado no existe y mañana es el resultado del pensamiento y la intención que tengas hoy. La vida es un milagro precioso y no podemos aceptar ser mediocres o vivir en carencia, ni a medias. Venimos a dar el 100%, a vivir la vida al máximo, a dejar huella, a influenciar positivamente el entorno, a abrir nuestras alas y expresar todo nuestro potencial, liberándonos de todas las formas de miedo, carencia, enfermedad, adicción, depresión o limitación.

Te invito, así como lo he hecho yo, a elevar tu vibración, transformar todos esos *no* en sí puedo y es fácil, liberándote de cualquier pensamiento, hábito o expresión limitante. Tu tiempo es *ahora*, no dentro de un mes, o dentro de un año, o cuando los hijos estén grandes, o cuando estés pensionado, o cuando… ¡ya sea demasiado tarde! La vida es ahora y esta es la única oportunidad que tienes de cambiar algo. ¡Así que *levántate y anda*! Este es precisamente uno de los nombres de las botellas de cristal con líquidos de diferentes colores que surgen a partir de la mezcla de piedras preciosas, plantas y flores que utilizo en mis terapias de Auro-Soma.

Aura-Soma es una terapia de sanación a través de la sabiduría del color que fue creada por Vicky Wall, una herborista y farmacéutica inglesa, a finales de la década de los setenta. Aura-Soma combina las energías curativas de los colores, las plantas y las piedras preciosas y es, sobre todo, una terapia holística del alma que a su vez ayuda a sanar enfermedades físicas y emocionales ya que todos nuestros malestares emocionales, mentales y espirituales tienen un solo origen: ignorar el lugar que ocupamos en el Universo y no saber cuál es nuestra misión en la Tierra. La terapia de Aura-Soma consta de ciento nueve frascos de colores y cada uno tiene una correspondencia asociada con la Numerología, la Cábala, el I-Ching y el Tarot. De acuerdo al orden en el que la persona elige los frascos, se hace una lectura en la que se identifican sus dones y talentos, se descubre su misión de vida y se brindan herramientas poderosas para transformar los desafíos en oportunidades de crecimiento.

Diariamente recibo mensajes en redes sociales de todas las personas que han aplicado el método sí puedo y es fácil: desde una mamá de una niña de 15 años que me escribió agradeciéndome porque su hija había pasado un examen muy difícil en el colegio, hasta un empresario que debía cerrar un negocio importante que parecía imposible. Una tarde me llamó y me dijo: "Al principio no le creí mucho, pero hice el ejercicio de los 21 días y las cosas se dieron". También recuerdo a una paciente, que es una médica muy reconocida, que le tenía pánico a hablar en público y debía prepararse para dictar una charla muy importante en su carrera. Después de aplicar el método de sí puedo y es fácil fluyó con éxito y fue muy aplaudida en su conferencia. Así como ellos, estoy segura de que tú también puedes lograrlo. Solo debes confiar en el proceso y en tu poder interior y seguir de la mano conmigo en este viaje que apenas comienza...

PRIMERA PARTE

¿QUIÉN TE DIJO QUE NO PODÍAS?

Capítulo 1

¿Por qué no puedo y no es fácil?

Parte de la base de que puedes lograr todo en la vida y que naciste con el potencial suficiente para lograrlo. Pero desde la infancia, recibimos información limitante de la sociedad, de nuestros padres, del entorno y así nos pasamos la vida bajo la cultura de la limitación, de la represión y de la programación negativa. ¿Sabías que recibimos más de 108.000 *no* desde que nacemos hasta los siete años de edad?

NO hagas.
NO corras.
NO saltes.
NO hables.
NO grites.
NO salgas.
NO te atrevas.
NO toques.

¡Esta cifra es alucinante! ¿Cómo vamos a ser capaces de crecer y de desarrollar un cerebro creativo y proactivo e inteligencia emocional si estamos condicionados por tantas limitaciones?

Lo primero que debes hacer es revisar tu árbol genealógico: ¿Cómo son tus padres? ¿Cómo son o eran tus abuelos? ¿Cómo eran tus bisabuelos? Empieza por hacer una investigación consciente para saber de dónde vienes: averigua con tus padres, abuelos y familiares los detalles de tu historia familiar; si vinieron de otro país, a qué se dedicaban, si tenían problemas de salud física o mental, si sufrían de adicciones, si eran prósperos o vivían en la carencia, si eran emprendedores o víctimas, intelectuales, alegres, etcétera. Es muy importante que comprendas la situación emocional, mental, física, material y espiritual de tus orígenes ya que a partir de ahí se generó la semilla de lo que eres hoy. Puede que tus ancestros hayan *impreso* en tu ADN cualidades y aptitudes como la inteligencia, la capacidad de relacionarte, el éxito laboral, la creatividad, etcétera. Pero también es posible que tengas ancestros con adicciones, con tendencia a la depresión, con enfermedades, infieles, reprimidos o con una serie de pensamientos limitantes que los hayan ayudado a crear una vida basada en el miedo, en el apego, en la depresión y en miles de *no puedo*. Por eso es tan importante que te reprogrames conscientemente en esta vida *aquí y ahora* y devuelvas a su origen lo que no te pertenece.

Es fundamental que todos los descubrimientos que hagas a lo largo de esa investigación los asumas: SIN juicio, SIN crítica y SIN comparación, las tres son las grandes leyes de la vida. Recuerda que vinimos al mundo a observar y a aprender, no a sufrir. El pasado es el pasado y todos escogimos las situaciones de nuestro *contrato de alma*: nuestros padres, nuestro entorno, el país en el que nacimos, las circunstancias en las que fuimos concebidos, las características de nuestra familia y la situación de vida al llegar a este mundo.

Quiero explicarte mejor a qué me refiero con el contrato de alma. Antes de nacer, tu alma elige el escenario en el que viene a expresarse, como dicen los hindúes, el *maya* o la ilusión; así debes asumir los diferentes escenarios que debes vivir antes de alcanzar una compresión superior. A cada quien le corresponde lo que tiene, por eso la primera etapa del cambio y la evolución consiste en eliminar la queja, anular el papel de víctima y por el contrario, asumir la realidad por más difícil que parezca a veces y aprender a amarla para poder así transformarla. No viniste a este mundo a cumplir penitencias, el verdadero significado del *karma* es que todo lo que te sucede es el resultado de lo que has sembrado. Y en tu alma existe un contrato o una especie de sello o disco duro donde está toda tu información.

La buena noticia es que existe el libre albedrío, no todo está escrito en piedra y así tengas miles de condicionamientos o ancestros vibrando en el *no*, la limitación o el miedo, siempre puede llegar un nuevo ser a romper esa cadena, tomar conciencia, transformar las limitaciones y volar, elevar su vibración y su energía en sí puedo y es fácil: y ese alguien puedes ser tú.

Es común ver esa necesidad de romper con patrones limitantes impuestos en nuestro linaje; por ejemplo, he recibido en mi consulta a pacientes que son sumamente rígidos en todos los aspectos de su vida y sus hijos vienen a desbaratar esa estructura y se convierten en lo opuesto a ellos. Y también he visto casos contrarios: pacientes *hippies* y liberales cuyos hijos resultan ser súper estrictos y conservadores.

Yo misma soy también un ejemplo de esto: desde hace veinte años bailo danza oriental todos los días, pero estoy segura de que mis bisabuelos jamás se imaginaron, ni en sus sueños más salvajes, bailar ese tipo de danza ni mucho menos vivir de eso. Por otro lado, también existe la tendencia de que padres e hijos repitan los mismos patrones de comportamiento de manera consciente o inconsciente. Es decir, de una u otra forma repetimos modelos del inconsciente impresos por la energía y comportamientos de nuestros ancestros: es el caso de la mujer que inconscientemente *busca* hombres infieles como su padre, la que es dramática y víctimizada como su madre, el que tiene relaciones de dependencia y rutina como la de sus padres, hombres que quieren que los mantengan económicamente como hicieron sus madres, etcétera.

Tengo una paciente que por años tuvo relaciones amorosas fallidas y a pesar de ser una mujer inteligente, bella y exitosa, todos los hombres terminaban dejándola. Durante el proceso terapéutico encontramos que estaba repitiendo la misma historia de su mamá: una mujer exitosa pero con tanto miedo a que la dejaran que terminaba creando situaciones caóticas hasta que los hombres se espantaban.

También existen miles de casos de hombres o mujeres celosas que por tanta desconfianza e inseguridad terminan creando justamente esa situación de infidelidad. Un día un paciente me dijo: "Tanto me repitió mi esposa que yo tenía otra, que me empezaron a dar ganas de tenerla. Y así fue". Finalmente la relación se terminó.

También he recibido muchas alumnas en mi academia que al llegar me dicen: "Yo quería ser bailarina pero mi papá me dijo que eso no daba plata, entonces decidí estudiar Derecho"; o el caso de una mamá que le dijo a una alumna: "No eres buena para eso, mejor estudia Ingeniería".

Todos estos son modelos, condicionamientos y programaciones que provienen directamente de nuestro ADN y que es necesario reprogramar: rediseñarnos en una nueva frecuencia, tener visión, adquirir compromiso y establecer un plan de vida que definitivamente rompa y evolucione todo lo negativo que no nos permite avanzar. Ojo: no se trata de culpar a nuestros padres de lo que somos, el trabajo que ellos hicieron fue finalmente el que estaba dentro de sus posibilidades y era lo que tenían para ofrecernos. Recuerda que tú elegiste a tus padres y eso explica también las circunstancias y los procesos que hayas tenido que enfrentar con ellos.

Decreto

Sí puedo y es fácil transformar todos los pensamientos y las actitudes limitantes de mi ADN y el de mis ancestros.

**Repítelo siete veces en voz alta frente a un espejo y continúa haciéndolo durante 21 días. Recuerda que cuando hacemos algo durante 21 días sin interrupción, podemos modificar un patrón establecido en nuestro cerebro.*

Simplemente observa de dónde vienes, desecha lo que no te sirve para evolucionar y agradece y bendice lo que sí te ha aportado y ayudado en tu proceso. Bendice tu origen, tus ancestros, tus padres, rediseña tu realidad actual, sin cargar el lastre de las creencias o los condicionamientos anteriores.

A lo largo de este libro encontrarás unos recuadros señalados con el aviso *El consultorio Prem Shakti*. Quiero que a medida que avances en la lectura sientas que estás asistiendo a una sesión de terapia personalizada. Identifícalos y realiza a conciencia todos los ejercicios. ¡Te aseguro que notarás los beneficios!

El consultorio Prem Shakti

1. Averigua cómo eran los abuelos y los bisabuelos de tus padres. De dónde vinieron, en qué trabajaban y qué gustos y aficiones tenían.
2. ¿Hubo situaciones de violencia en tu familia?
3. ¿Hubo casos de infidelidad?

Elabora un árbol genealógico haciendo un pequeño resumen de cómo era cada uno de tus ancestros, sin juzgar ni criticar nada, simplemente observa de dónde vienes.

Ejemplo I:

- Mamá: *(Escribe su nombre completo)*___________

Características positivas de su personalidad: alegre, creativa, original.

Características negativas de su personalidad: amorosa, pero con una actitud de víctima.

- Papá: *(Escribe su nombre completo)*___________

Características positivas de su personalidad: intelectual, estudioso, disciplinado.

Características negativas de su personalidad: trabajador, distante.

- Abuelo: *(Escribe su nombre completo)*___________

Características positivas de su personalidad: sensible, artista.

Características negativas de su personalidad: agresivo e infiel.

- Abuela: *(Escribe su nombre completo)*___________

Características positivas de su personalidad: amorosa, dulce, servicial.

Características negativas de su personalidad: reprimida, dramática.

- ¿Cuáles actitudes o comportamientos crees que has heredado de ellos?

- Elabora una lista de las cualidades que admiras de tus ancestros y las que te gustaría incorporar en ti.
- Elabora otra lista de los pensamientos limitantes que encuentras en ellos y que de alguna manera estás repitiendo.

Diagnóstico:

Una vez identifiques qué actitudes estás repitiendo de tus padres y abuelos, toma conciencia de cómo puedes cambiar esos patrones sin juzgarlos, ni entrar en conflicto con ellos. Empodérate en el nuevo ser que quieres crear, conquistando en ti mismo lo que no te sirve que provenga de ello. Únicamente está en ti decidir continuar el patrón limitante de la familia o transformarlo.

Ejemplo II:

- Mamá:

Cualidades: Generosa, trabajadora, creativa, alegre, leal.

Características negativas: (lo que no quieres heredar): agresividad, impulsividad, poco femenina.

- Papá:

Cualidades: serenidad, sabiduría, paciencia, profundidad, sensibilidad.

Características negativas: (lo que no quieres heredar): adicción, depresión, soledad, falta de voluntad, indisciplina, tacañería.

- Abuelos maternos:

Cualidades: trabajadores, generosos, amorosos, sociables, protectores.
Características negativas: (lo que no quieres heredar): Adicción, depresión ante el fracaso económico, víctima, enfermedad.

Diagnóstico:
Observa si te has quedado en tu zona de confort criticando y juzgando lo que han hecho tus padres y abuelos en vez de hacer realmente algo al respecto. Analiza desde el silencio y poco a poco ve creando cambios reales. El trabajo es diario y de mucha atención y cuidado.

Lista de reprogramación

1. Elabora una lista de todas las cualidades que heredaste de tus ancestros que ves en ti y agradécele al Universo por ellas.
2. Elabora otra lista en la que identifiques las características negativas de tus ancestros que se repiten en ti. Recuerda que también es importante agradecer la compresión de lo que no quieres ser.

Ritual de purificación

Quema la lista una noche de luna menguante: el momento ideal para eliminar aquello de lo que quieras deshacerte. (Encuentra la descripción de los ciclos lunares y cómo influyen en ti en mi libro: *El despertar de la Diosa,* (Grijalbo, 2017). Para terminar, repite 7 veces en voz alta durante 21 días el siguiente decreto, al igual que hiciste con el anterior, y con todos los que encontrarás a lo largo de este libro.

Decreto para liberarte y liberar a tus ancestros

Sí puedo y es fácil liberarme del pasado. Devuelvo a su origen esta programación negativa. No la acepto. La libero de mi inconsciente hoy. No repito patrones negativos de mis ancestros. Devuelvo con amor a su origen pensamientos, patrones limitantes, actitudes o hábitos negativos.
Sí puedo y es fácil todo en mi vida.

Capítulo 2

¿Quién soy?, ¿qué hago aquí?, ¿cuál es el propósito de mi vida?

Estas preguntas me las he formulado desde que tengo memoria y seguramente tú también. La vida no puede ser un evento rutinario, plano, predecible, condicionado y limitado. ¡Definitivamente no venimos al mundo para diariamente ir de la casa al trabajo y pagar cuentas! La vida no solo es ir al colegio, estudiar una carrera, casarse, tener hijos, acumular objetos materiales, divorciarse y morirse de un cáncer. Puede sonar dramático, pero conozco miles de casos así. En mis talleres siempre insisto en que no podemos andar como zombis, anestesiados por los condicionamientos externos, la sociedad, los juicios que dividen, el "qué dirán", las relaciones aburridas co-dependientes, la adicción a ser víctimas, los trabajos planos que no nos permiten crecer, las limitaciones de la familia y lo que nuestros padres quieran que seamos o no seamos. ¡No vinimos a eso! Venimos a vivir plenamente el milagro de la vida.

Cada ser en este plano es único, especial y diferente. No somos iguales, no podemos ser tratados de la misma manera. No podemos pretender tener los mismos gustos que nuestros padres, o ser iguales a los demás. Cada uno de nosotros viene con un destino, es cierto, pero al mismo tiempo todos tenemos la posibilidad de cambiar y de transformar nuestro paso por este planeta y crear la realidad que soñamos. Hemos elegido a nuestros padres, el lugar en el que nacemos, el entorno y las características de nuestra personalidad, para definitivamente cumplir una misión y un trabajo de evolución personal y colectiva. Pero es necesario profundizar, escucharnos más, ser honestos con nosotros mismos sobre qué es lo que verdaderamente queremos ser y apender a canalizar nuestra energía para sacar el mayor provecho de nuestras posibilidades.

Es tiempo de romper el cascarón y salirnos del formato establecido. Me aterra ver "rebaños" de jóvenes, mujeres, hombres vestidos igual, hablando igual, robots que repiten el mismo discurso visual, cromático y auditivo, desesperados por colgarse una marca de ropa, manejar un carro en particular, usando todo por moda sin preguntarse qué significa o que están comunicando. Sus casas parecen réplicas, sus temas son los mismos y con eso sólo demuestran miedo a ser diferentes, a no ser aceptados, a ser criticados, a seguir su corazón y abrir sus alas. Y por lo general, cuando alguien se atreve a ser diferente, entonces se convierte en la "comidilla" de todos. A mí también me encanta la moda y me gusta tener cosas buenas, pero mi vida no se rige por estereotipos externos. La gran clave de todo es tener *una vida con propósito*. Los bienes materiales vienen y van, las relaciones se acaban, los puestos profesionales no son eternos. Pero cuando aprendes a vivir tu vida con propósito, todo cambia.

El consultorio Prem Shakti

¿En qué aspectos de tu vida estás motivado por las siguientes características? Responde al lado de cada una.

El miedo: ______________________________

La rabia: ______________________________

El materialismo y la competencia: ______________

____

La necesidad de ser aceptado: ________________

____

La necesidad de cumplir expectativas de otros: ______

____

Si esto es lo que te motiva, estás en el camino equivocado, gastando tiempo y energía en la ecuación errada. Nada de esto eres tú. Tú no eres tus posesiones materiales, ni tus emociones no resueltas, tú no eres ni siquiera tus problemas ni tus dramas, ni lo que tus padres quieren que seas. Tú eres *TÚ* y es hora de escucharte, profundizar en ese ser único absolutamente hermoso y poderoso que viene a realizarse en todos los planos, a expresar su propósito y a cumplir una misión única y valiosa.

"Conocer tu propósito le da sentido a tu vida,
fuimos creados para tener significado".
Rick Warren

Recuerdo que cuando empecé mi camino espiritual, a los 21 años, me fui a vivir a la India en busca de mi propósito y de mi misión de vida. En ese entonces muy pocas personas viajaban a la India ya que la mayoría prefería viajar a Europa o a Estados Unidos. Tal vez motivados por eso me decían que estaba loca, que el yoga y la meditación no servían para nada y que me iba a morir de hambre; hoy en día muchos de los que me dijeron esas palabras son mis pacientes y alumnos.

Por ese entonces vivía en Nueva York y estudiaba Artes Plásticas y Literatura. Recuerdo que vivía decepcionada por el ego de los artistas. Finalmente busqué y estudié diferentes prácticas de yoga hasta que descubrí en la práctica de *ashtanga,* la cual combina ejercicios de respiración y movimientos sincronizados, un camino de autoconocimiento, trabajo físico, emocional y mental donde logré silenciar mi mente creando espacios de paz y serenidad que me ayudaron mucho en ese momento. Motivada por uno de mis maestros, me fui a vivir a la India. Allí viví durante un año en la ciudad de Mysore, en Bangalore, hasta llegar a estudiar con Sri K. Pathabi Jois, uno de los más importantes gurús de las últimas décadas. La práctica era bastante intensa: todos los días de 3 a.m. a 6 a.m. excepto los días de luna nueva y llena. Desde ese entonces practico yoga y meditación todos los días y es una herramienta que recomiendo iniciar para apaciguar los afanes del mundo moderno.

Está comprobado que cuando buscamos y de verdad profundizamos en nuestro interior, el Universo nos trae las respuestas que necesitamos y las materializa en forma de diversos mensajeros: libros, maestros, señales, películas, lugares, encuentros. Pero quien decide hacer esa sincera búsqueda eres tú y nadie puede hacer el trabajo por ti. Eres tú quien debe encontrar el propósito de vida y cuando esto suceda la vida dejará de ser una rutina, el trabajo no será pesado, ni el día a día un eterno cansancio lleno de lucha y estrés. Siempre habrá desafíos y pruebas pero en el fondo sabrás que estás en el carril de tu vida con un propósito, dueño de tu vehículo y con las riendas de tu carruaje. Tú eres el conductor y tu timón es el *própósito.*

La gente que vive expresando su propósito es feliz y exitosa y las cosas le fluyen con facilidad porque no están trabajando solo por un sueldo, o para pagar deudas, o para acumular objetos materiales, o para demostrarle a nadie nada. La gente con propósito está conectada con su *yo superior* y desde allí sí puede y es fácil.

En mis consultas de Aura-Soma trabajo la Numerología de mis pacientes. Según esta ciencia milenaria, a partir de la fecha de nacimiento puedo saber cuál es su misión de vida, revelar el *contrato del alma*, la vibración de su esencia, su personalidad y sus dones. Ojalá yo hubiera tenido conocimiento de esto al nacer porque hubiera sido más sencillo encaminar mi vida, y me hubiera ahorrado un montón de escalones, pero sé que todo es perfecto, como me dijo uno de mis maestros en la India:

"Todo es perfecto, aun cuando quitamos lo perfecto, lo que queda también es perfecto".

Atiendo a personas de todas las edades, profesiones y caminos que llegan por diferentes razones y me impresiona como muchos no saben por qué han tomado las decisiones que han tomado al elegir una carrera, un trabajo, incluso no saben por qué se casaron con una persona si realmente no estaban enamorados, pero se excusan diciendo: "A mi mamá le gustaba y según todos, era la pareja perfecta".

En el caso de la carrera profesional, muchos responden que al tomar la decisión se guiaron por lo que sus padres les dijeron o porque era una profesión que supuestamente daba dinero, la carrera de moda, o "lo que todos mis amigos hicieron". Debes eliminar la ansiedad por el dinero. El dinero no llega cuando no expresas la riqueza de tu ser; en cambio, llega en abundancia cuando fluyes, amas lo que haces, creas, te empoderas, es ahí cuando el dinero y el éxito se convierten en el resultado de una vida con propósito, de saber quién eres y qué haces aquí, de trabajar con pasión, amor, disciplina, alegría y compromiso todos los días de tu vida en las metas pequeñas o grandes que tengas. Entonces adquirirás un magnetismo y una magia especial que te hará mucho más atractivo que el resto.

La gente verdaderamente exitosa no necesariamente tiene un cuerpo perfecto o una familia perfecta. La mayoría de personas exitosas en la parte económica, emocional y cultural y con buena salud provienen de entornos muy difíciles, con miles de dificultades, y precisamente su capacidad de transformar los *no puedo* en sí puedo y es fácil los hizo grandes, poderosos, valientes, creativos y hábiles; en cambio, es posible que los que lo "tuvieron todo" no fueron capaces de salir de su zona de confort y de reinventarse. Quienes son capaces de romper el cascarón, superar el "qué dirán", dejar de depender de la opinión externa y realmente verse en el espejo y escuchar el sonido de su alma sin el ruido externo del "deber ser" o "deber hacer" son quienes realmente logran descubrirse a sí mismos y encontrar su propósito de vida. Es muy peligroso quedarse en la zona de confort porque nos estanca, nos quita posibilidades de reinvención, evolución, deseo de búsqueda y fuerza para luchar.

El consultorio Prem Shakti

¿Quién soy?

Respira profundo, siéntate en un lugar tranquilo y simplemente deja fluir lo que esa pregunta te traiga a la mente, al corazón y a los sentidos. Escribe todo lo que vaya saliendo, simplemente obsérvalo, como siempre dentro de las tres leyes doradas: SIN juicio, SIN crítica, SIN comparación.

____

____

____

Ejercicio:

1. Elabora una lista de lo que definitivamente *no* quieres ser, es decir, las actitudes que no te sirven más.
2. Elabora otra lista de lo que *sí* quieres ser, crear y mantener en tu vida.
3. Por último, elabora una tercera lista con las cualidades y las características de la persona que quieres manifestar en tu vida.
4. Dibuja y colorea en la página siguiente a esa persona que quieres ser y con absoluta intención, fírmalo con fecha y cuélgalo en un lugar de tu habitación visible para ti.

Sí puedo y es fácil ser una persona

(Escribe todas las características que mencionaste en tu tercera lista).

Ejemplo:

Sí puedo y es fàcil ser una persona *amada, próspera, feliz, creativa, con buena salud, excelentes relaciones, exitosa en el trabajo, capaz de transformar cualquier desafío en una oportunidad de crecimiento. Tengo paz y atraigo situaciones, personas y eventos para mi más alto bien y evolución.*

Decreto

Sí puedo y es fácil transformar los desafíos en oportunidades de crecimiento. Sí puedo y es fácil expresarme y ser quien soy. Escucho mi voz interior y estoy aquí por una valiosa razón.

Capítulo 3

Las tres reglas de oro: vivir sin juicio, sin crítica y sin comparación

Antes que nada, debes dejar de criticar, comparar y juzgar. Esta es una de las características más sobresalientes de la raza humana, la que radica en el deseo de vivir metidos en la vida de las otras personas criticándolas y juzgándolas, o peor aún, haciendo lo mismo con nosotros mismos y disminuyendo así nuestro potencial. No somos nadie para juzgar a otros. Compararnos y criticar solo crea más y más sufrimiento en nuestra vida y en el entorno. Todo lo que hacemos regresa a nosotros, así que entre menos juzguemos y critiquemos: ¡menos seremos juzgados y criticados! La tendencia a calificar todo según bueno, malo, bonito, feo, alto, bajo, rico, pobre, valiente, miedoso, gordo, flaco, me quiere, no me quiere, etcétera, produce demasiado ruido en nuestro entorno que al final solo se convierte en un obstáculo más para alcanzar una sensación de bienestar en nuestras vidas.

La regla de salir del juicio, la crítica y la comparación

Esta es la regla de oro que he aplicado en mi vida desde hace unos años y que cambió por completo mi forma de mirar y de sentir el mundo, y por consiguiente, la forma en que otras personas se relacionan conmigo. El día que tomé la decisión, escribí en el espejo de mi baño: *vivo sin juicio, sin crítica y sin comparación.*

Recuerda que somos espejo de todo y de todos; justamente lo que nos molesta del otro es lo que necesitamos cambiar en nosotros, por eso atraemos esa persona para hacernos ver lo que nos falta trabajar. Cuando somos capaces de sobrepasar el patrón de hacer un juicio o criticar y logramos ver más allá de por qué estamos atrayendo esa persona o situación, entonces entramos en el terreno de una gran oportunidad de evolución.

En la película de la vida venimos a ser observadores. A no engancharnos ni con la luz brillante de la euforia, ni con la oscuridad de la tempestad. Venimos a aprender a ver y a sentir la realidad en 360 grados, a concebir cada capítulo de nuestra vida como pieza esencial de ese gran todo que está perfectamente diseñado para traernos grandes enseñanzas y aprendizajes.

Olvídate del "¿Por qué ella sí y yo no?", "Él tiene y yo no", etcétera. Este tipo de pensamientos son absolutamente destructivos y limitantes y solo provocan que disminuyas aún más tu vibración y que las puertas de las oportunidades de tu vida se cierren. Y además, limitan las probabilidades de que el método sí puedo y es fácil se dé en tu vida. Más bien alégrate cuando algo bueno le pase a alguien cercano o lejano, incluso a quienes te han hecho daño. Bendícelos y admíralos, esto te hace grande a ti y amplia tu campo magnético, abriéndote a miles de posibilidades. La gente que piensa bonito se ve bonita y hace que se aceleren las posibilidades de manifestación positiva de situaciones y de eventos en su vida.

Si tienes una amiga o un familiar que acostumbra a hablar mal siempre de otros, criticar o juzgar, aléjate sanamente, elimina de tu vida a las personas y las relaciones tóxicas, que pueden llegar a ser igual de nocivas que los alimentos que contaminan tu cuerpo. Aprende a frenar a este tipo de personas que solo crean un espiral destructivo hacia abajo y contaminan tus oídos y tu mapa mental. Es preferible estar solo, escuchando la sabiduría y belleza del silencio, a pasar horas con personas que critican y juzgan todo el tiempo a los demás. Conviértete en esa persona que influencia el entorno positivamente y cambia la energía, la limitación y cualquier forma de expresión negativa en un millón de sí puedo y es fácil.

Lo que te molesta del otro es en lo que tú mismo debes trabajar. No hables si lo que vas a decir no es más bello que el silencio.

El consultorio Prem Shakti

1. Con honestidad, cuenta las veces y describe las situaciones en las que has criticado, comparado y juzgado a otros últimamente.
2. Pregúntate por qué te molestan tanto esas personas o qué sentimientos o sensaciones activan en ti.
3. Elabora una lista de las cualidades positivas de esas personas.
4. Lee en voz alta el decreto que encontrarás en la página siguiente.

Decreto

Sí puedo y es fácil liberarme de la necesidad de juzgar o criticar a otros. Sí puedo y es fácil liberarme de la necesidad de compararme con otras personas. Aprendo a admirar y a reconocerme a mí mismo y a los demás. Observo la vida sin juicio. Sí puedo y es fácil.

Vivir sin las 9 "D"

Quiero compartirte una receta simple y poderosa de vida, pensamiento, palabra y acción. Estoy convencida de que el que quiere hacer algo lo hace, el que no, siempre encontrará una disculpa y para lograrlo. Es muy importante que aprendas a vivir sin las 9 "D".

Vivir sin las 9 "d" significa:

- Sin drama
- Sin disculpas
- Sin desistir
- Sin dudar
- Sin detenerme
- Sin distraerme
- Sin hacer daño
- Sin disociar
- Sin dividir

Vivir sin drama

Cuando vives en en un estado de inconsciencia, el drama se convierte en una emoción recurrente y al final, atraes más drama. En un escenario ideal deberías aprender a ser más simple, a no complicarte, a no exagerar ni gastar energía en los temas que son negativos para ti, para otros o para la sociedad. Así que empieza a gastar menos tiempo en los dramas de telenovela y más bien enfócate en cómo buscar soluciones, resolver, evitar y evadir lo negativo. No significa que vivas en un mundo falsamente perfecto donde no haya asuntos por resolver, pero es importante que aprendas a enfrentarlos, que valores el silencio y que sepas a quién acudir en los momentos en los que te sientas débil. Vivir sin drama significa quitarte un gran peso emocional y convertirte en una persona proactiva dispuesta a enfrentar los problemas y encontrar soluciones.

Vivir sin disculpas

Quien quiere hacer algo lo hace, quien no, siempre encuentra una disculpa. Cuando te acostumbras a esa dinámica, pierdes credibilidad ante las personas, ante el Universo y ante ti mismo. La disculpa es muy peligrosa porque te vuelve mediocre, poco comprometido, indisciplinado, perezoso y poco exitoso en la vida y en las relaciones. Los verdaderos guerreros o luchadores encuentran la manera de hacer las cosas, de ser efectivos, de buscar el cómo y el cuándo para lograr los resultados que quieren o que se les pide. Me impresiona cómo los seres humanos viven quejándose de la situación política, económica o social para escudarse, justificarse y encontrar la gran disculpa para no ser prósperos, felices o lograr lo que se proponen. Siempre vamos a encontrar un clima político o económico negativo, pero también encontraremos personas extraordinarias, geniales, talentosas, exitosas que logran todo lo que se proponen a pesar del caos o la situación en la que vivan. El secreto de ellos es muy simple: *no encuentran disculpas.*

Vivir sin desistir

Los triunfadores no desisten. Cada puerta que se cierra te acerca más a la que sí se abrirá. Agradece cada obstáculo como una oportunidad de crecimiento para enfocarte aún más en tu propósito. No olvides el proverbio: "Dios te cierra una puerta pero te abre una gran ventana". Aun cuando te empeñes en apegarte al pasado, o en lo que tu ego caprichoso crea que es lo correcto, debes estar atento a las señales del Universo y a lo que te trae el día a día y el presente inmediato. Nadie "te deja" ni nadie "te despide de un trabajo": tú creas esas situaciones consciente o inconscientemente porque buscas algo mejor. El éxito está en no detenerte porque parar significa muerte y estancamiento y, a largo plazo, frustración y decepción.

Vivir sin dudar

La seguridad en ti mismo y en tu proyecto de vida permite que el Universo confíe en ti. Jamás dudes quién eres y el infinito potencial que tienes. Por eso es tan importante que todos los días dediques un tiempo a ti frente al espejo para reconocerte, amarte, apreciarte y valorar tu potencial, pero sobre todo, para creértelo porque si tú no lo crees nadie lo va a hacer por ti. La seguridad y la autoestima verdadera vienen de conocernos a nosotros mismos y de la confianza que irradiamos a los demás. Con seguridad y confianza puedes vender cualquier producto, incluso sin mostrarlo; en cambio, cuando dudas irradias esa energía hacia afuera. La duda es una gran debilidad que debes conquistar. Observa el comportamiento de un felino cuando está cazando: no hay un milímetro de duda en su acción, incluso si muere en el intento entrega todo de sí, pero jamás duda. Las personas que dudan no logran nada porque no tienen criterio. Un día quieren una cosa, otro día quieren otra y esa indecisión hace que el Universo jamás se alinee con su propósito. La duda divide, limita, retrasa y entorpece la acción y el pensamiento.

Vivir sin detenerte

El mundo va rápido así que no pierdas tiempo. Fija tus objetivos y trabaja hasta lograrlos. Eres tú quien pone el ritmo de la vida y acelera la manifestación del éxito. La estática genera pereza, cansancio y torpeza, en cambio, el movimiento crea acción, transformación y cambio. Quedarte quieto en un solo lugar o dándole vueltas a un pensamiento entorpece la agilidad y la continuidad de la vida. Eso no significa andar ansioso o desesperado en esa dinámica moderna en la que no puedes parar, no estoy hablando de eso. No detenerse significa no entrar en el estado de estancamiento que te vuelve pesado, apegado y sin movimiento. Crea tu propio ritmo pero comprende que de las 24 horas del día, 12 están hechas para la acción. El Universo está en constante movimiento: giran los planetas alrededor del sol y jamás se detienen; circula la sangre alrededor del cuerpo y no se detiene; la naturaleza y el cosmos están en constante movimiento, nada se detiene. Detenerse significa morir. No te detengas hasta ver realizados tus sueños, tus metas, tus proyectos; no te detengas hasta ser más feliz de lo que esperas.

Vivir sin distraerte

Es muy fácil distraerte así que enfoca tu atención en lo que quieres y trabaja solo para ese objetivo. No permitas que el mundo externo te distraiga. Conviértete en un arquero: tu flecha es tu intención y tu arco el Universo. Enfoca y concentra toda tu energía en ello. Vivimos en un mundo en el que es muy fácil distraerte con la televisión, la radio, las redes sociales, el ruido, etcétera. Elabora una lista de tus prioridades, tus metas, tus espacios emocionales y familiares, tus espacios laborales y de descanso. Trabaja tu agenda personal según tus prioridades y no permitas que la enfermedad de la distracción nuble tu vista de lo que realmente es importante para ti y quieres lograr. Hay muchas formas de distracción disfrazadas: el conflicto, los chismes, las quejas, el drama, etcétera. Evita a las personas y las conversaciones tóxicas. Habita más en el silencio y en espacios y lugares donde puedas enfocar tu energía en tus proyectos sin permitir que entre la distracción.

Vivir sin hacer daño

No dañes absolutamente nada que te haya dado el Universo. Cuida tus objetos de trabajo y cada bien material que posees o te es prestado para vivir en armonía. Cuidar, amar y reconocer es lo opuesto a dañar. No podemos dañar ni el pétalo de una flor, ni la hoja de un tallo, ni nuestro puesto de trabajo, ni las toallas del baño, ni el espacio del vecino: cuidar todos nuestros objetos materiales y también el espacio de los otros es la conciencia de cuidar, y cuidar es querer, honrar y proteger.

Vivir sin disociar

Trabaja por la unión del equipo para el beneficio de todos. En las empresas donde dicto conferencias o hago talleres de empoderamiento y crecimiento personal, siempre me encuentro con los mismos casos de grupos de personas que fomentan la división. Cuando disocias creas caos, sufrimiento y división entre las personas, así que es muy importante que te conviertas en agente de unión, trabajo en equipo e integración. En vez de hablar mal de otras personas y criticar a otros, es muy importante crear puntos de comunicación y unión, hablar los conflictos o situaciones que tenemos con las personas implicadas y no con terceros, evitar conversaciones paralelas y evitar juicios donde estemos descalificando a otros. Te invito a que seas un agente de unión, a que te acerques a esa persona a la que nadie le habla y le ofrezcas tu amistad y hagas lo mismo con tus familiares que por diferentes circunstancias están alejados. Recuerda que todo lo que haces regresa a ti y si te enfocas en unir y no en disociar, el Universo trabajará para ti creando también conexiones de unión, de relaciones productivas y alianzas productivas y proactivas. Conviértete, desde tu corazón con amor y verdad, en un elemento y en un punto de unión en todos los espacios de tu vida.

Vivir sin dividir

No dividas, no juzgues, no compares y no critiques. Este es el verdadero significado de los mandalas que, como la naturaleza, funcionan en conjunto. La división es solamente una forma del ego y producto de la mente negativa. Cuando te miras al espejo en la mañana o te criticas o te dices estoy muy gordo, muy flaco, muy alto, muy viejo o muy joven, estás dividiéndote, estás poniendo unos aspectos en positivo y otros en negativo. Es importante amar, aceptar, abrazar el todo de lo que somos interna y externamente, logrando siempre esa comunión con nosotros mismos donde no cabe la división porque, como dicen los budistas, "el sufrimiento viene de la división". Vivir sin dividir es vivir en comunión contigo mismo y con el Universo. Amar es incluso aceptar aquellas actitudes y aspectos que necesitas cambiar. El maestro del taoísmo Lao-Tse decía: "Si estás triste vuélvete uno con la tristeza, si estás alegre, vuélvete uno con la alegría. Si llueve, vuélvete uno con la lluvia, si hace sol, vuelve uno con el sol, observa y no te enganches". Vivir en unión significa ser uno con las situaciones que estás viviendo, aceptarlas, abrazarlas y reconocerlas para poder así transformarlas sin dividirnos de ellas ni aislarnos.

Capítulo 4

La enfermedad de la víctima

Asumir el papel de víctima es uno de los trastornos de la personalidad más comunes en el ser humano y también de los más peligrosos. De pasar de ser una víctima a desarrollar enfermedades graves, depresiones y generar rupturas hay solo un paso muy pequeño. Para empezar, debemos saber que la víctima no es real, nadie "nos daña", o "nos hace mal". Somos nosotros quienes nos dañamos y nos bloqueamos a nosotros mismos y el Universo y las personas simplemente son un espejo de eso. Cada situación que ocurre en nuestra vida es el resultado de aquello que atraemos para una comprensión superior.Y si nos fijamos, en cada momento podemos escoger ver dentro de la misma flor el pétalo o la espina, y entender el todo como un escenario que la vida nos trae para un aprendizaje mayor.

Perder en realidad es "ganar al revés"

Muchas veces creemos que al perder algo o a alguien estamos destinados a sufrir ya que no podremos volver a recuperarlo. Sin embargo, lo que en realidad ocurre con este tipo de situaciones es que ganamos algo mejor, algo que nos beneficiará y que nos permitirá conocer facetas de nosotros mismos hasta ese momento desconocidas. No podemos olvidar que cuando una puerta se cierra, se abre una gran ventana de enseñanzas, de nuevos caminos, de la vida misma que se encarga de empujarnos a salir de nuestra zona de confort para sacar realmente nuestra fuerza interior, volvernos más profundos, amorosos, creativos, asertivos en el trabajo, en las relaciones y en la vida.

En ese sentido también es muy importante que entendamos que en la vida nadie "nos deja", somos nosotros los que nos dejamos a nosotros mismos cuando dejamos de amarnos, respetarnos y honrarnos. Cuando caemos en la rutina diaria "de la casa al trabajo para pagar las cuentas", se nos olvida sentir, disfrutar, atrevernos a lo nuevo, abrir nuestra mente, volar. Vivimos dependiendo de la aprobación externa, poniendo la felicidad en otros y únicamente en resultados materiales. Claro que es importante tener éxito y lograr nuestras metas, pero la vida no es solo una conquista material.

He atendido a muchos pacientes en mis terapias de Aura-Soma que llegan con graves depresiones porque tuvieron una ruptura amorosa o porque los despidieron en el trabajo luego de trabajar durante más de diez años en esa compañía. Lo que siempre les digo es que nada de eso pasa porque sí. Es necesario entender que cada uno de nosotros crea esa realidad, atrae esa situación porque energéticamente no podemos y no queremos estar ahí. Esa parte de nuestro Ser interior quiere protegernos, orientarnos a vivir una vida más feliz, más placentera, pero el ego, que se ha acostumbrado a esa rutina y a esa zona de "confort", nos lleva a caer en la trampa y a asumir esos cambios con drama y sufrimiento.

Todas las personas que atiendo después de hacer un proceso de comprensión y de desapego se dan cuenta de que tampoco eran felices en esa relación y que hace años que querían cambiar de trabajo, pero no habían tenido el valor para hacerlo. Entonces, toda esa información del inconsciente se empieza a manifestar en el plano consciente y físico y justamente se crea esa realidad porque no tenemos la claridad y la fuerza para hacerlo nosotros mismos directamente, y así, poco a poco atraemos que nos despidan del trabajo o que nuestra pareja ponga fin a la relación. Somos responsables de TODO, de TODO lo que nos sucede en la vida. Nadie nos "hace" o nos "hizo" nada. Fuimos nosotros quienes creamos un campo magnético que justamente atrajo y creó esa situación increíble, rodeada de luz, o terrible, en medio de la oscuridad.

Lo mismo ocurre con las enfermedades. Estoy convencida de que nadie "se enferma de repente", primero se enferman el corazón y la mente y después esa energía se manifiesta en el cuerpo físico porque nuestras células son el diario de nuestros pensamientos y actitudes. Por ejemplo, hay estudios que afirman que las enfermedades están directamente relacionas con nuestras emociones: el cáncer está asociado con la rabia, con heridas profundas y con la incapacidad de perdonar; los problemas pulmonares, con la ansiedad, y los tumores, con la creatividad reprimida. La enfermedad es simplemente la manifestación en el cuerpo físico de un pensamiento o una actitud limitante que finalmente se materializa en enfermedad cuando no trabajamos nuestras emociones.

En estos años de trabajo personal aprendí también a reprogramar mi ADN, a devolver con amor a mis ancestros "lo que no me pertenece" y a programar la realidad que quiero, sueño y merezco vibrando en el mantra de sí puedo y es fácil.

En mi experiencia personal, pasé de la tragedia a la comedia y aprendí a reírme de todo y de mí misma, y sobre todo, a entender, como dicen los yoguis de la India: que "esto es *maya*" es decir, una ilusión que se manifiesta en los diferentes escenarios que nos pone la conciencia divina o esa inteligencia superior que algunos llaman Dios o Diosa para tener una comprensión superior de todos y de todo.

Y así, poco a poco empezamos a entender que el péndulo de la vida va de un extremo al otro, del sol a la tormenta, y que no debemos engancharnos con ningún extremo, simplemente observar el ejercicio y permanecer en el centro sin apegarnos desde el ego, sin drama, sin juicio, sin crítica, sin comparación.

Aprendí que ser feliz es una decisión que nadie puede tomar por mí y no puede depender de nadie más ni de ninguna situación externa.

Conozco personas con riqueza material pero que viven enfermas e infelices, o también otras que tienen una relación de pareja estable y feliz pero sufren depresión y tienen tendencia a las adicciones. Y también están esas personas que hacia afuera parecen tenerlo todo: éxito, familia, dinero, reconocimiento, pero por dentro las aqueja un gran vacío. Si no trabajamos diariamente en nuestro interior, no podremos encontrar la felicidad ni la plenitud. Estos son estados del ser que se producen luego de un trabajo profundo de conciencia y transformación, y empiezan cuando realmente decides que: ¡sí puedo y es facil!

Ensaya repetir este mantra todos los días, cuantas veces sea necesario. Repítelo frente al espejo, en el carro, mientras caminas, antes de entrar a tu reunión, antes de cerrar un negocio, antes de tu cita romántica, antes de cualquier situación que implique un desafío o esfuerzo extra. No aceptes los NO que te llegan del entorno, ni de la sociedad, ni de la familia. No aceptes que nadie de ninguna manera arrugue tus alas, te limite, te haga sentir inferior o te diga que no eres capaz.

No aceptes que la enfermedad de la víctima se manifieste en tu presente en ninguna de sus formas. Hazte cargo de tu vida, de las situaciones que tienes y de la realidad que vives. Tú elegiste todo esto, aprópiate de ti mismo, de quien eres y de tu vida, de tu caos y de tu armonía.

Algo cierto es que nadie gana nada con asumir el papel de víctima, hay quienes "se hacen los enfermos", o "los pobrecitos" para lograr la atención, el cariño y la ayuda de otros, y puede que logren algo al principio, pero este "show de víctima" es muy peligroso y solo crea un bloqueo. Además, la gente se cansa de las víctimas, la gente realmente poderosa no soporta quienes no luchan y viven en la queja y el drama. Así he visto cómo muchos matrimonios se acaban porque uno de los dos asume el papel de víctima, o cómo algunos se enferman luego de haber programado su mente a ser las víctimas de cualquier situación. El mismo poder positivo que tiene el mantra de sí puedo y es fácil lo tiene la energía de la víctima. Aprende a enfrentar los desafíos sin quejas, ni dramas, ni disculpas. De este tema hablo más en mi libro *El despertar de la Diosa*.

Aprópiate de tu danza por este mundo, de la lluvia, del sol, de la tempestad y del arco iris porque todos son lo mismo y solo depende de ti verlo de una manera y comprender que es lo mejor que te podría suceder. A partir de hoy, elimina por completo la queja y el drama de tu vida y transforma toda esa energía destructiva en creación y transformación.

Nadie te hace, nadie te deja, nadie se enferma porque sí. El problema o el desafío esconden la solución y también una gran oportunidad de evolución.

El consultorio Prem Shakti

Ahora quiero que descubras si por alguna razón has caído en la trampa de la víctima. Responde con total honestidad las siguientes preguntas:

1. Escribe una lista de las veces que has asumido el papel de víctima. ¿Por qué lo hiciste?
   Asumí el papel de víctima cuando…
   Asumí el papel de víctima cuando…
   Asumí el papel de víctima cuando…
2. ¿Crees que has obtenido algo positivo al asumir el papel de víctima?
3. Reconoce y describe a los miembros de tu familia que asumen el papel de víctima y explica por qué lo crees.

Decreto

Sí puedo y es fácil transformar el drama en mi vida, dejar de asumir el papel de víctima. Comprendo que soy responsable de mi realidad y que dentro de mí está el poder de transformarla, todo el poder está dentro de mí, sí puedo y es fácil.

Capítulo 5

La ilusión del miedo

El miedo es un gran fantasma, o mejor, una ilusión que es necesario enfrentar y eliminar inmediatamente. No es conveniente que alimentes el miedo, ni que permitas que crezca dentro de ti, ni en tus hijos, ni en tus ideas o proyectos. El miedo paraliza, congela, sabotea y hace que quieras frenar cualquier iniciativa. Su construcción proviene de creencias colectivas, familiares y sociales que llevan incubándose durante años en tu inconsciente.

Muchas personas permiten que el temor guíe sus vidas y dejan de probar nuevas experiencias por miedo a fracasar. Estos temores son por lo general el resultado de experiencias traumáticas, disposición genética o la educación rígida que recibieron en su infancia. Sin importar cuál sea el origen del miedo, las personas temerosas pierden infinitas posibilidades de aventurarse a emprender cosas.

El temor es un tipo de cárcel que tú mismo te impones.

La Biblia dice: "La persona que ama no tiene miedo. Donde hay amor no hay temor, al contrario, el verdadero amor quita el miedo" (Juan 4: 18-19). El miedo finalmente es el resultado de una falta inmensa de amor: falta de amor a ti mismo, falta de amor a la vida, falta de amor al proceso de transformación y evolución. La única forma de combatir el miedo es con amor y con la plena confianza de que todo en el proceso de la vida ocurre de manera perfecta.

El miedo hace que atraigas justamente eso a lo que tanto temes.

Piensa por un segundo en tus miedos más profundos. Tal vez lo primero que venga a tu mente sea el miedo a terminar una relación afectiva, a viajar a un lugar desconocido, a enfrentar a esa persona que te ha hecho daño durante tanto tiempo, a consolidar un proyecto en el que vienes pensando hace años y que implica que dejes el trabajo que te brinda estabilidad. Ten presente que todo eso que te produce miedo es precisamente lo que necesitas enfrentar para crecer. Siempre recuerdo una frase de mi abuela que decía: "El perro huele el miedo y ataca", y así es. Entre más fortalezcas la sensación de miedo frente a una situación y más pensamientos inviertas en eso, más rápido la atraerás a tu vida.

Hace unos años atendí a una mujer en mi consultorio que acababa de separarse de su esposo luego de descubrir que le era infiel. Llevaban juntos diez años y al parecer todo era perfecto: tenían unos hijos maravillosos y estabilidad en su hogar. Sin embargo, ella empezó a repetirle diariamente: "Estoy segura de que tienes a otra mujer en tu vida". Simplemente, ella no podía creer que él le hubiera sido fiel durante tantos años y el miedo a la posibilidad de que él encontrara a otra mujer se hacía cada vez más evidente. La mujer entonces empezó a asumir hábitos muy dañinos para la relación, como revisar el celular de su pareja a sus espaldas, controlar a dónde iba y con quién se veía, y así empezó a atraer una situación que hasta el momento no existía. Un día le sugerí a mi paciente que me gustaría tener una sesión con su marido. Él aceptó gustosamente y durante la sesión aceptó que nunca se le había pasado por la cabeza la idea de estar con otra persona porque se sentía plenamente feliz con su esposa y quería seguir construyendo un hogar feliz. Pero ella cambió, se volvió fría, irascible, desconfiada y no permitía que el amor genuino que los unía fluyera con normalidad. Así las cosas, un día él se sintió agobiado y tuvo un romance fugaz. Este es un claro ejemplo de cómo puedes atraer sin querer una situación a tu vida y convertir ese miedo profundo en una realidad. Con esto no estoy justificando la infidelidad, pero sí creo que si asumiéramos todas las situaciones de nuestra vida con amor todo sería mucho más fácil y nos evitaríamos tener que enfrentar este tipo de situaciones tan dolorosas.

Dicen que para vencer a los enemigos primero debemos estudiarlos minuciosamente. Así que la gran pregunta que debes hacerte es: ¿A qué le tengo miedo? Te invito a definirlo y a responder las siguientes preguntas.

- Describe tu miedo: piensa en todo lo que es, en qué consiste, qué sensación te produce. Entre más lo describas, más fácil será vencerlo.

  ____

  ____

- ¿De dónde crees que proviene el miedo?

  ____

  ____

- ¿Podrías asignarle un color específico?

  ____

  ____

El miedo a la muerte

Puede que tu miedo esté asociado con la muerte, un miedo que tiene que ver más con el miedo a estar vivo. Y de ser así debes tener clara una sola cosa: todos nos vamos a morir y lo mejor que puedes hacer es abrazar y amar el momento presente y vivir el milagro de la vida con toda la intensidad. Así, cuando llegue el final de la vida te sentirás satisfecho, sin cuentas pendientes, frustraciones, rabia o la sensación de "me hubiera gustado hacer esto o aquello". Nada de eso existirá porque todo lo que soñaste y todo lo que quisiste lo habrás hecho a partir del amor.

¿Te has preguntado si realmente estás vivo? ¿O vas por la vida como un zombi sin abrazar los instantes maravillosos que te regala el Universo con plenitud? Cuando vives con todo tu ser, te atreves, luchas por lo que sueñas y logras vencer tus dificultades sin conformarte con menos de lo que mereces, demuestras que estás vivo y que estás listo para morir.

Decreto

Sí puedo y es fácil vivir mi vida plenamente y morir en paz, sin miedos ni arrepentimientos.

El miedo a la falta de dinero

Tu miedo también puede estar relacionado con la escasez de dinero. Y quiero decirte que si te enfocas en que no tienes dinero o tienes miedo de no llegar a tenerlo, entonces no lo tendrás. Así de simple es la ecuación. Conozco personas que trabajan sin parar con la firme intención de construir un capital sólido, pero viven con tantos miedos relacionados con el dinero que nunca logran ahorrar o atraen situaciones negativas como robos, paseos millonarios o estafas. Por lo general, la gente que le tiene miedo a la falta de dinero no es generosa consigo misma, ni con los otros, ni con la vida. Es necesario que revises tus patrones de relación con el dinero.

¿Cómo es mi relación con el dinero?

Te invito a responder las siguientes preguntas:

1. ¿Cómo era la relación que tenían tus padres con el dinero durante tu infancia?
2. ¿Sientes que para conseguir dinero debes trabajar con perseverancia y honestidad?
3. ¿Eres consciente de la importancia del ahorro?
4. ¿Con qué frecuencia te das un regalo?

5. ¿Te gusta que te regalen cosas materiales? ¿O por el contrario te sientes incómodo cuando las personas son generosas contigo?
6. ¿Sientes que eres generoso con los demás?
7. ¿Crees que "la riqueza solo trae problemas"?

El cambio empieza por ti. Al hacer consciencia y conocer cómo ha sido la relación que has establecido con el dinero podrás sanar los pensamientos negativos que te alejan de la riqueza, dejarás de repetir los patrones que establecieron tus padres y poco a poco irás sanando los miedos que te aquejan. Procura en este proceso alejarte de las noticias negativas que día a día te recuerdan lo "mal que va el país". En cambio, lee historias inspiradoras y conoce los testimonios de personas que, a pesar de todo el ambiente negativo que los rodeaba, han llegado lejos. Así también aliviarás la carga de miedo, ansiedad y estrés que produce creer que nunca vas a ser capaz de lograrlo y que te aleja del presente. No debes vivir una vida con miedo al futuro, a lo que pasará o a lo que podría pasar si… Te darás cuenta de que cuando logres vivir realmente en paz y armonía en el ahora serás capaz de hacer una cosa a la vez y no permitirás que el estrés se apodere de tu ser.

> Bendice tu trabajo, bendice tu sueldo, bendice a tu jefe y a tus colegas, bendice tu puesto de trabajo, bendice a tus clientes y bendice la economía de tu país.

La mente negativa dominada por el miedo es el mayor obstáculo para lograr el éxito material, por eso es necesario "desaprender", "despegarte" de los viejos modelos que has establecido con relación al dinero y adoptar pensamientos de riqueza y abundancia. Recuerda que para cambiar lo visible primero hay que cambiar lo invisible, es decir, tus pensamientos. Ya sabes que todo lo que te rodea es en gran parte un reflejo de tu interior. Así ocurre también con el dinero. El mundo material es el resultado de tu mundo interno, que abarca la parte mental, la emocional y la espiritual. Si tu pensamiento está dominado por el temor, por el miedo a "no tener", a "no conseguir", a "no tener lo suficiente", a "no lograr el éxito" o a "no conseguir trabajo", entonces así se verá reflejado en tu mundo exterior.

Tus pensamientos crean tu realidad

Tu mente es como un computador que día a día almacena cada pensamiento que atraes. No debes bajar la guardia u olvidar que el miedo lo único que hace es robarte toda tu energía y tu fuerza. Y eso no solo tiene que ver contigo, sino también con las personas que te rodean. Cuando pasas tiempo o te acercas a personas que viven su vida guiadas por el miedo contaminas tu psique y programas tu mente con ondas negativas que cierran las puertas de las situaciones positivas. Todo en la vida es vibración y atracción magnética, causa y efecto, y todo lo que tienes en tu interior es lo que manifiestas hacia afuera. No puedes continuar siendo esclavo de tus miedos, es hora de dar por terminada esa relación tan tóxica, de enfocarte solamente en los problemas, en tus carencias y en todo lo negativo que se deriva del miedo.

A todos nos llegan momentos difíciles y por eso es tan importante confiar, para que así, cuando lleguen los problemas o los desafíos puedas elegir los pensamientos y las emociones correctas carentes de miedo. Piensa en esto y eleva tu vibración porque: sí puedo y es fácil.

Nunca subestimes tus pensamientos,
ni el poder que pueden llegar a tener.

Es necesario que reclames tu poder y tu destino económico, que perdones los errores del pasado y que así te liberes de los patrones de limitación y de emprendimiento que te llevarán por un camino de riqueza espiritual y de abundancia material en el que la palabra *miedo* no existe. ¿Te has fijado en la actitud que asumen aquellas personas que fluyen en abundancia?, ¿que reciben sin esperar?, ¿que nunca se preocupan por el dinero? La razón es muy sencilla: los que tienen dinero no piensan en él; al contrario, piensan en dar, en compartir, en vivir, en crear, en gastarlo, en multiplicarlo y nunca en la falta de él.

El consultorio Prem-Shakti

Te invito a que continuemos trabajando en tu relación con el dinero y en el miedo que su ausencia puede producir en ti.

1. Escribe una lista de pensamientos relacionados con el dinero.
   Ej: Todas las personas ricas son avaras.
   ____
   ____
   ____
   ____
   ____
   ____
   ____

2. En los recuadros que encontrarás a continuación, escribe todos los decretos relacionados con el dinero que te han hecho daño, todos esos pensamientos negativos de miedo y carencia que te han acompañado a lo largo de tu

vida. Luego recórtalos y quémalos. Mientras realizas el ejercicio repite: "Estos pensamientos no definen quién soy. No acepto estos decretos limitantes y los elimino de mi vida".

Ritual para eliminar los miedos relacionados con el dinero

Sí puedo y es fácil

Sí puedo y es fácil

Sí puedo y es fácil

Sí puedo y es fácil

Sí puedo y es fácil

Sí puedo y es fácil

Sí puedo y es fácil

Decreto

Sí puedo y es fácil crear y mantener la riqueza material en mi vida. A partir de este momento sano mi relación con el dinero y me libero de pensamientos limitantes que me impidan conseguirlo y mantenerlo. Soy una persona próspera y exitosa en todo lo que hago. Sí puedo y es fácil ser abundante.

Miedo a no encontrar a la pareja ideal

Muchas personas crecen con una idea fija en la mente: encontrar a la pareja ideal. Esto por lo general va acompañado de la ilusión de construir una familia y de formar un hogar. Estos proyectos y sueños son naturales, normales y positivos en el desarrollo del ser humano, pero lo negativo llega cuando se convierten en una obsesión y de no realizarse conducen a la depresión, a la frustración y a una sensación permanente de inferioridad. Debes eliminar los patrones que has idealizado durante tu vida relacionados con el amor, sacarlos de tu inconsciente y recordar que no todos vivimos las mismas experiencias en los mismos tiempos. Quiero aclararte algo: la creencia del "alma gemela" o la "media naranja" no existe. Nadie va a venir a "completarte", esto es falso. Por supuesto que una pareja puede aportarte alegría, estabilidad, pero eso nada tiene que ver con tu valor propio. Tú ya estás completo y ni tu amor, ni la felicidad que alcances en esta vida, serán el resultado de tener una pareja.

"Si esperamos que otra persona nos 'arregle' la vida,
o que sea nuestra 'mejor mitad', disponemos
las cosas para el fracaso".

Louise Hay

Si en tu caso te pasas la vida buscando desesperadamente una pareja, llevado por la ansiedad y la desesperación, lo más probable es que esta no aparezca. Esto solo retrasará los procesos naturales de la vida y hará que las posibilidades de éxito se bloqueen. Te ha pasado que sales con una persona y no puedes alejar de tu mente pensamientos negativos como: "¿Será que por fin encontré a la persona ideal?", "¿Será que esta relación sí será duradera?", "¿Será que está enamorado de mí?", "¿Será que le gusto de verdad?". Todo esto generará que crees una energía y una vibración negativa y que termines por *espantar* a las personas que quieran genuinamente acercarse a ti.

En cambio, cuando fluyes y confías plenamente en el acontecer de la vida, las cosas empiezan a darse más rápido y en los tiempos perfectos de Dios. Si no has encontrado pareja o por lo general te embarcas en relaciones que terminan siendo fallidas y dolorosas, debes evaluar cuáles patrones o comportamientos están generando esa situación y por qué no estás atrayendo a la persona correcta para crear la realidad que sueñas.

Para entender de dónde proviene el miedo a las relaciones o a no encontrar pareja debes acudir al mismo principio: falta de amor por ti mismo y falta de confianza en la vida. Debes tener algo presente: tú eres tu primer gran amor. Y es ese amor propio el que nos hará lucir atractivos, seguros, felices y sin rastros de ansiedad.

"Una pareja no te va a resolver nada que tú mismo no hayas resuelto".

Enfócate en amarte a ti mismo primero, en alimentar pensamientos bonitos y amorosos, en cuidarte, honrarte y en ser feliz contigo. Esta será la relación más duradera que podrás construir a lo largo de tu vida. Y además, si no eres capaz de tener una relación buena contigo mismo, ¿cómo vas a tenerla con otra persona?

Atraemos lo que somos

La vida es un espejo y por lo general siempre atraemos a las personas que reflejan características similares a las nuestras. ¿Qué tipo de personas atraes últimamente a tu vida? ¿Son alegres, estrictas, con buen sentido del humor? O por el contrario, ¿tienen actitudes celosas y violentas? Debes ser consciente de que esto solo es un reflejo de lo que eres tú y evidencia la inseguridad que sientes al pensar que no eres capaz de atraer personas que te brinden bienestar al creer que no lo mereces. Por ejemplo, cuando estableces una relación cercana con una persona celosa, agresiva y que no te permite brillar, significa que en realidad no has aprendido a amarte lo suficiente. ¿Por qué sigues atado a esa persona que te hace daño? ¿Por qué no das el siguiente paso y crees en ti?

"Para estar plenamente vivos y felices, es necesario que tomemos decisiones que nos acerquen al amor".

Marianne Williamson

Eres la expresión divina del Universo y nunca estarás solo, así que abre tu corazón al amor externo, cambia tu necesidad y transforma la ansiedad de conseguir pareja y el miedo a no tenerla por una seguridad de recibir todo lo que mereces. No dudes por un instante que cada relación del pasado te dejó una gran experiencia y valiosas enseñanzas, pero es tu deber seguir adelante, no quedarte en el pasado, ni en lo que pudo ser. Si no eres capaz de soltar el pasado y te pasas la vida recreando algo que no existe, no llegarás a tener una vida buena y satisfactoria. Si terminaste una relación, por más doloroso que resulte, suéltala, no hables más de ella, bendícela con amor, bendice a cada expareja y permite que la nueva energía y las relaciones que llegarán a tu vida fluyan.

Decreto

Yo soy mi primer gran amor y la relación más estable, amorosa, duradera e importante de mi vida. Sí puedo y es fácil.

El consultorio Prem Shakti

En esta sesión sanarás heridas del pasado y avanzarás en el camino del amor.

1. Elabora una lista de las relaciones fallidas que has tenido en tu vida.
2. Escribe por qué crees que terminaron.
3. Haz una lista de los aspectos negativos que te dejaron esas experiencias.
4. Haz una lista de las enseñanzas positivas que te dejaron esas experiencias.
5. Elabora un listado de las características y las cualidades que te gustaría encontrar en una pareja. Recuerda ser muy específico con el Universo, ya que este te entregará todo lo que crees en tu mente.
6. Repasa la lista y observa cuáles de esas cualidades tienes tú y cuáles necesitas trabajar.
7. Por último, incluye un hábito en tu rutina diaria. Por las mañanas mírate al espejo y afirma: *Me amo infinitamente y amo todo lo que soy.*

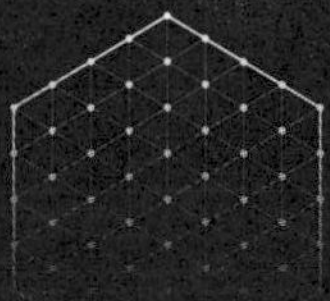

Decreto

Sí puedo y es fácil merecer. Merezco todo lo bueno que la vida tiene para ofrecerme, me amo infinitamente y me reconozco, atraigo y consolido una relación amorosa y duradera para mi felicidad y evolución. Sí puedo y es fácil atraer relaciones sanas a mi vida.

Capítulo 6

Elimina el autosabotaje

El autosabotaje es la gran trampa que se presenta cuando decides emprender un proceso de sanación y evolución. Seguramente sentirás esa voz interior que te dirá: "No vas a poder", "No es tan fácil", "No te lo mereces", "No eres lo suficientemente bueno", "Nada va a cambiar", "Esto no sirve de nada". Y si esa voz no surge de tu interior, es muy posible que tu inconsciente la atraiga y se manifieste a partir de otra persona que se encargue de sabotear tu proceso y que te diga "Eso no te va a servir" o "Estás perdiendo tiempo y dinero".

Antes de avanzar, quisiera que tuvieras presente que no existe ningún libro, o manual, o curso que te lleve a creer del todo en tu poder interior. Esto solo podrás hacerlo tú y es también la única manera en que el Universo empezará a responderte y a enviarte señales en los tiempos deseados. Piensa en ti como una figura de plastilina que diariamente se va moldeando con creencias, actitudes, pensamientos y demás. Somos criaturas de hábitos y la repetición y las afirmaciones te ayudarán a reprogramar tu inconsciente y a empezar a vibrar de otra manera. Tú lo notarás, las personas que te rodean lo notarán y así irás ganando confianza en ti y en el poder tan inmenso que yace dentro de ti. Por eso es tan importante que a medida que avances en tu proceso, te mires al espejo y repitas con plena confianza: *Todo está cambiando porque sí puedo y es fácil.*

Una vez una paciente me dijo: "Me la paso haciendo los ejercicios, repito las afirmaciones pero nada ha cambiado". Esto es un típico caso de autosabotaje. ¿Por qué nos tratamos tan duro? ¿Por qué somos tan crueles con nosotros mismos? ¿Por qué pensamos que no somos capaces? La buena noticia es que es normal que este tipo de reacciones se presenten en el proceso de sanación y trasmutación ya que al cambiar patrones y hábitos antiguos, la mente muchas veces se resiste a eliminar los millones de *no* que te han acompañado a lo largo de tu vida.

El autosabotaje también se presenta cuando no eres capaz de identificar qué es lo que te está deteniendo y te impide alcanzar tus sueños. Cuando esto ocurre es posible que pienses que lo mejor es aplazar eso que quieres lograr porque *ya llegará*. Esto solo es una reacción que inconscientemente te lleva a buscar excusas para no lograr las cosas, encontrar razones para no continuar el proceso debido al miedo a enfrentar los cambios.

Otra gran trampa del sabotaje es decirle a todo el mundo que sí, a todo que sí, afirmar que vas a seguir los pasos al pie de la letra para luego no terminar haciendo nada. Pero sin duda el gran protagonista del autosabotaje es el mártir, ese a quien nadie comprende, todas las cosas malas le pasan, es frágil, vulnerable y sumamente sensible.

Por lo general este tipo de personas usan esa actitud como mecanismo de manipulación para lograr ganar dosis extra de cariño. Pero esto es muy peligroso porque tanto el mártir como la víctima nunca salen de ahí y se cavan un hoyo del cual cada vez es más difícil salir. Un hoyo que con el tiempo se vuelve enfermedad, accidentes que atraemos y finalmente muerte del deseo de cambiar, sanarse y salir adelante. La peor muerte de todas es la muerte espiritual: la pérdida del deseo y el compromiso con nuestra propia evolución.

Cuando sientes que algo que te pasó es "demasiado bueno para ser verdad", caes en una trampa de sabotaje porque tu necesidad mayor no es ser merecedor, entonces insconscientemente buscas la manera de perder esa oportunidad sin importar el esfuerzo que hagas. Por eso es común oír frases como: "No sabes todo lo que hago y no pasan las cosas", "No me contestan el teléfono", "Me enfermé", en fin. Todo esto se llama autosabotaje y es algo inconsciente que te aleja de tus sueños. El primer gran error es culpar a otros o a las situaciones que se presentan. ¿Por qué dejas para después y aplazas lo que sabes que debes y necesitas hacer? ¿Por qué justificas tu fracaso en otros? ¿Continuamente te oyes hacer promesas que no cumples? ¿Repites frases como: "Ahora sí voy a hacer esto", "Ahora sí voy a empezar a hacer ejercicio y a comer bien?", "Ahora sí voy a terminar la relación que no me sirve"? Te pregunto: ¿por qué no lo haces?

Nadie quiere estar en modo de autodestrucción o sabotaje pero hay una fuerza invisible que mueve ese condicionamiento y te impide soltar el patrón subconsciente.

La ganancia del autosabotaje es básicamente:

1. Evitar una responsabilidad.
2. Mantener el control de algo.
3. Llamar la atención y buscar que otros se compadezcan de mí.

No solo se trata de desear algo, el deseo tiene que estar acompañado de acción e intencion, de trabajo diario y de compromiso. Las cosas siempre van a llegar en la medida que realmente hagamos el trabajo, pero no van a pasar necesariamente en el tiempo que nuestro ego "caprichoso" exija, sino en el tiempo perfecto y cuando estamos listos en el espacio-tiempo ideal. Recuerdo que una vez tenía que dictar una conferencia para 3000 personas en un congreso de "Éxito empresarial". Ese día salí con suficiente tiempo de mi casa para llegar, pero había un trancón horrible y una manifestación en la calle. Faltaban diez minutos para que mi conferencia empezara y era imposible que llegara a tiempo. Empecé a ver la situación como una manisfestación de autosabotaje que yo misma había atraído para no llegar, entonces mi deseo, mi propósito y mi necesidad mayor de cumplir mi compromiso y misión de vida se activaron e hicieron que me bajara del carro. Paré a un señor que iba en una moto y le pedí que me llevara. La escena era muy divertida: yo tenía tacones, vestía un traje elegante y un casco que el motociclista me prestó. Mi intención y mi necesidad eran mayores que cualquier obstáculo y tenía la certeza de que iba a estar protegida y así fue: logré llegar a tiempo a la conferencia.

> Decide ver en tu interior qué es lo que hace que aplaces, bloquees y sabotees tu vida. Luego elige hábitos y pensamientos que te empoderen.

El consultorio Prem-Shakti

1. Haz una lista de las veces en tu vida en las que has notado que te saboteas.
2. ¿Qué beneficios has obtenido de sabotearte? ¿Has conseguido más atención de otros? ¿Has evitado responsabilidades?
3. Describe cuál es tu necesidad mayor: ¿tener éxito laboral, salud, relaciones afectivas sanas y amorosas?
4. Visualiza y ejerce tu milagroso poder creador. Trae a tu mente la idea de que tus deseos ya están cumplidos, vívelos y respíralos. El autosabotaje ya no hace parte de tu vida.

Decreto

Sí puedo y es fácil eliminar cualquier forma de autosabotaje en mi vida. No aplazaré más mis sueños, ni las acciones que me llevan a ellos. Elijo pensamientos y hábitos que están alineados con mi propósito y la necesidad mayor de éxito y realización en todos los planos. Estoy en paz.

Capítulo 7

Tienes dos opciones: crear o destruir

Cada segundo de tu vida tienes la oportunidad de crear o destruir. En ese sentido, no existe término medio, ni hay agua tibia: o eres o no eres. Cada instante tienes la posibilidad de escoger hacia dónde dirigir tu energía, tu acción e intención. Quizá las personas "normales" que viven en la dualidad están en constante división: juzgando, dividiendo y comparando, pero al final del día la ecuación más importante no es quién hizo más, sino la calidad y la cualidad de tus acciones y creaciones que construyen tu vida y tu realidad.

La metáfora de Anubis

Según la mitología egipcia, después de la muerte venía el juicio final, el espacio en el que el alma es examinada junto con nuestras acciones y resultados en vida para definir si hicimos o no la tarea y actuamos de manera correcta según el propósito de nuestra existencia. Para los egipcios las personas que lograban pasar "al otro lado" tenían *el corazón liviano.*

El dios Anubis, un ser con cuerpo de humano y cabeza de lobo, era el encargado de determinar si el recién fallecido pasaba o no al otro nivel según el peso de su corazón. Para lograrlo, el corazón de cada individuo se ponía en la pesa de la justicia. Si el corazón era liviano como una pluma significaba que esa persona estaba lista para pasar al siguiente nivel y había culminado su tarea con éxito.

¿Qué significa tener el corazón liviano?

Un corazón que está en constante creación, que no destruye, que no tiene apegos al resultado, que no vive para la opinión de los otros, ni está interesado en destruir es un corazón liviano. Su presencia, energía, intención y misión es crear y expresar sin dañar ni destruir. Cuando logras alivianar tu corazón, vives el tiempo presente con mayor intensidad, te conectas con el espíritu creador, elevas tu vibración y empiezas a atraer situaciones, personas y eventos positivos para ti. No importa la edad que tengas, dentro de ti siempre existe y existirá ese espíritu creativo, el corazón liviano de un niño que cree en la vida y que está listo para rediseñarse.

El consultorio Prem Shakti

Te invito a realizar el siguiente ejercicio y así alivianar tu corazón.

Antes de ir a dormir imagina que es el último día de tu vida. Visualiza una balanza con una pluma en un lado y tu corazón en el otro. ¿Sientes que tu corazón pesa mucho más? ¿Por qué? Identifica las razones. Puede ser por estrés, por rabia frente a algo que sucedió, por frustración o por la ansiedad que te produce algo que no ha sucedido.

Respira profundo e intenta disolver ese peso a través del perdón y el agradecimiento. Puedes acudir a "la dieta del perdón" que encontrarás en mi libro *El despertar de la Diosa*.

Observa sin emoción y envuelve con amor absoluto esa sensación hasta que se aliviane y percibas que tu corazón empieza a alivianarse. Abraza esa paz y prepárate para entrar en un descanso profundo donde reine la paz y nada más.

> Un corazón liviano es un corazón creador, un corazón puro que confía en el proceso perfecto de la vida y está alineado con su gran propósito. Toda la vida es creación y tú eres la expresión de ese gran poder.

Cada instante puedes elegir tener el corazón liviano de un niño, o el corazón pesado de un señor amargado que se queja y sufre. Destruir, criticar, juzgar y dividir le suman peso a tu corazón, así como tu mente negativa y tu espíritu triste. Con el tiempo todo esto se empieza a manifestar en el plano físico: la piel se brota, surgen problemas respiratorios, etcétera. Todas las enfermedades provienen de pensamientos, emociones y acciones destructivas. El término "neutro", "no hacer nada al respecto" o "no decir nada al respecto", es muy peligroso.

Cuando no creas, destruyes

Una rosa tiene por igual pétalos y espinas: ¿qué eliges ver tú? La creatividad es una cualidad inmensa e ilimitada de posibilidades. Cuando creas el Universo fluye a favor y empiezas a estar en sincronía con otra corriente energética, muy distinta a la que surge cuando destruyes. Se te ocurren múltiples ideas, aparecen en tu vida personas, situaciones y eventos que te iluminan e inspiran de muchas maneras e ingresas a ese *fluir cósmico creativo.* Me ha pasado muchas veces que mientras estoy preparando mis conferencias o los espectáculos de danza llegan a mi mente mútiples ideas, por eso te recomiendo tener un cuaderno al lado de la cama para que, sin importar la hora, puedas escribir lo que se te ocurra para retener ese fluir creativo.

Todo, absolutamente todo es un acto creativo. Desde que nos despertamos hasta que cerramos los ojos. Tu cerebro está en constante funcionamiento, dándole poder a las ideas que alimentas y a los pensamientos, decretos y palabras que procesas. De ahí la importancia de lo que permites o no almacenar en tu cerebro. No puedes alimentar ni mucho menos mantener pensamientos o afirmaciones destructivas ni negativas porque con el paso del tiempo se convierten en una especie de virus que limita tus posibilidades de evolución y crecimiento.

Tus pensamientos, palabras e intenciones creativas siempre estarán creando tu realidad y esta vibración te dará un brillo especial en los ojos, en la piel, en el aura, en tu campo magnético, haciendo que el Universo también sea creativo contigo. El arte, la danza, la música, el teatro, son espacios magníficos para desarrollar tu lado creativo y enfocarte en ese poder de creación. Te recomiendo, si no has empezado ya, que implementes el arte en tu vida. Toca un instrumento, baila, cocina, canta (no solo en la ducha), escribe poesía, decora tus espacios de una manera creativa e imprímeles el sello de tu personalidad. No importa si eres abogado o ingeniero, médico, ama de casa, ejecutivo, etcétera. Busca esos espacios en los que la creatividad sea la prioridad. Así refrescarás tu mente y le sacarás el máximo provecho a tu cerebro.

Para mí bailar ha sido mi gran espacio de creación: allí me reinvento, me rejuvenezco y me rediseño. No puedo pasar mas de tres días sin bailar y bailo desde los once años. La danza es mi meditación y mi conexión con el silencio, la alegría y la magia. Este espacio me permite volver a ser niña, jugar, divertirme y empoderarme de otra manera. La energía creativa es la gran medicina y herramienta que te permitirá volar y rediseñarte a cada momento, alimentando tu cerebro de gasolina luminosa que se convierte en felicidad. Está comprobado, y lo he visto en mis pacientes, que la gente creativa es más feliz, proactiva, desapegada y, por consiguiente, más exitosa.

Te invito a observarte a cada momento y cuando surja la tendencia inconsciente de destrucción a través de un un pensamiento o de una palabra, busca la manera inmediata de encontrar una gran cualidad o característica creativa positiva en ti mismo, o en la persona, el lugar o la situación que tienes en frente.

El consultorio Prem Shakti

1. Elabora una lista de la personas con tendencia destructiva que existen en tu vida y en tu memoria. Sé muy objetivo y no te apegues a la emoción. Escribe las palabras o las acciones que fueron destructivas para ti.
2. Elabora otra lista de las personas que se han convertido en una influencia positiva, que dejaron una huella en ti a través del arte, de su sentido del humor, de su grata compañía. Escribe en qué sentido esas personas eran creativas y analiza cuáles de esas actitudes son características tuyas.
3. Con mucho cuidado quema la primera lista y al mismo tiempo visualiza a esas personas y perdónalas por cualquier daño que te hayan podido hacer.
4. Guarda la segunda lista en un lugar visible y ten presentes todas esas cualidades positivas de las personas que te han hecho tanto bien.

El mapa de tu vida

Consigue un pliego de cartulina y elabora tu plan de vida con dibujos, recortes de revistas y palabras que reflejen la realidad que quieres crear a nivel físico durante los próximos cinco años. Describe el cuerpo que quieres tener, la realidad económica que quieres vivir, los bienes materiales que te gustaría adquirir, el trabajo que sueñas para ti. La realidad emocional: pareja, familia, felicidad. También incluye la realidad intelectual: los cursos que quieres hacer, los conocimientos que quieres adquirir, los lugares a los que te gustaría viajar. Por último, incluye qué arte te gustaría aprender y qué te gustaría atreverte a hacer. Dedícale tiempo e intención a esta obra de arte que es tu vida, utiliza todos los materiales que quieras y plasma allí toda tu creatividad. Cuando termines ubica tu obra de arte en un lugar donde la puedas ver todos los días.

Decreto

Sí puedo y es fácil transformar los pensamientos destructivos por creativos. A cada instante tengo la posibilidad de crear una nueva realidad de felicidad y éxito; me reinvento y estoy en sincronía con el infiníto poder creativo. Sí puedo y es fácil crear una nueva persona, un nuevo pensamiento y una nueva realidad.

Capítulo 8

Nadie cambia, cambias tú

No esperes a que nadie cambie, ¡cambia tú! Reflexiona y sé honesto contigo mismo. Aprende a hablar desde tu corazón ya que cuando vives, hablas, sientes y existes desde el corazón cambias y elevas tu vibración. Cuando pregunto en mis conferencias quién es verdaderamente feliz, solo un 5% del público responde afirmativamente; es decir, nuestra mente está orientada a la crisis, al estrés, al drama, a la víctima, a siempre responsabilizar o culpar al "otro": a la sociedad, a la política, al pasado, a la familia, a cualquier evento o situación externa de nuestra realidad.

Si tu actitud frente a la vida es cero: ¡serás una persona que vale cero! Si tu actitud es negativa, serás una persona negativa por siempre y jamás llegarás a ser el protagonista de tu vida ni una herramienta de cambio para ti ni para nadie. Cuando logras descender de la cabeza al corazón, te sales del pensamiento limitante y te das cuenta de todo lo que tienes y no de todo lo que te falta, entonces avanzas en el camino de la evolución. Cada día de tu vida puedes elegir el camino por donde vas a transitar: el cielo o el infierno.

El consultorio Prem Shakti

Hoy es el último día de tu vida. Cierra los ojos, medita durante unos minutos y hazte las siguientes preguntas:

1. ¿Sientes paz en tu corazón?
2. ¿Lograste dejar un legado a otros?
3. ¿Sentiste que tu vida fue plena?
4. ¿Fuiste feliz y diste el máximo de tus posibilidades?
5. ¿En qué porcentaje?
6. Si alguien el día de tu partida al otro lado leyera algo sobre ti, ¿qué piensas que diría de ti?

Responde estas preguntas con absoluta honestidad y transparencia porque te mostrarán dónde estás parado y quién eres realmente. A veces es necesario acudir a este tipo de reflexiones profundas y honestas para evaluar nuestra vida desde la visión más íntima, quitando todas las máscaras que nos impiden ver o todas las excusas y distracciones que inventamos para no hacer el verdadero trabajo que nos corresponde.

No esperes a estar muy enfermo o en una situación de crisis muy grave para cambiar. ¡El tiempo es ahora! Ahora que estás sano, fuerte y con la energía necesaria para cambiar todo. No esperes hasta estar al borde de la muerte, de una crisis o de una enfermedad para cambiar. El único y precioso momento que tienes es aquí y ahora y esta es la oportunidad dorada de cambiar tu realidad.

¿Para qué o por qué estás en este mundo?

Para ser feliz y cumplir una misión y un propósito. Si sientes que aún no has descubierto tu propósito, búscalo hasta que lo encuentres, sin peros y sin disculpas. Sigue ese llamado, descubre mundos, atrévete a viajar a lugares que nunca imaginaste, estudia y profundiza en todo lo que te llame la atención, conoce personas que sean diferentes a ti, explora nuevas culturas y formas diferentes de ver la vida, escucha tu corazón más que el ruido de afuera, o lo que la sociedad y tu familia esperan que seas.

> Uno nunca termina de aprender ni de cambiar y esa es precisamente la magia y la gran tarea de la vida.

Recuerda que todos elegimos y creamos nuestra propia realidad y la única manera de cambiar lo externo es cambiar primero lo interno. Puede que al principio algunos amigos y familiares se alejen de ti. Debes comprender que esto es normal ya que cuando tú cambias, cambian muchas cosas que componen tu entorno. Así que suelta lo que ya no te corresponde y abre tu corazón a nuevas personas, situaciones y eventos positivos para ti que vienen a abrirte posibilidades y espacios de renovación y de evolución.

Capítulo 9

La ley de la atracción

La ley de la atracción es el principio de todas las cosas. Todo es magnetismo, atracción y reacción. La ley funciona siempre en todo, seamos conscientes o no, lo importante es aprender a usarla a tu favor. Si te concentras en abundancia, atraerás abundancia, si te concentras en pobreza, atraerás pobreza, y así sucesivamente. La primera tarea consiste en amarte y aceptarte a ti mismo porque todo lo bueno que pueda llegar a ocurrirte proviene de ahí.

> Enfócate en lo que quieres porque cuanto más insistas en ello, más seguirás creándolo y atrayéndolo.

La ley de la atracción funciona en todos los aspectos de la vida. Si, por ejemplo, tienes muchas deudas y te pasas el día hablando de eso, entonces el Universo seguirá trayéndote más. Si estás enfermo y te pasas el día hablando de tus dolencias, esa energía crecerá y te será más difícil superar los obstáculos de salud. Si estás deprimido y vives en un estado de tristeza y de lamentación, solo seguirás hundiéndote y atrayendo la lástima, pero nadie querrá compartir contigo ni serás capaz de crear una nueva relación. Te aseguro que nadie está con nadie por lástima, porque al final en la danza de la vida todos queremos surgir, sobrevivir y súper vivir: es decir ser felices, sanos, exitosos y lograr que nuestras metas y nuestros sueños se cumplan.

No cometas el error de comentar y hablar de lo negativo que te sucede como los problemas que tienes en tu relación de pareja o en tu trabajo con tus amigos y familiares, porque esto en vez de ayudarte, incrementará la energía negativa que lo rodea. Con esto no quiero decir que vivas en un estado de "perfección mentirosa" y que no te pueda pasar nada; aprende a pedir consejos a quienes realmente te puedan ayudar: profesionales en el tema, personas dedicadas a apoyar psicológica, espiritual y emocionalmente tu proceso.

Si, por el contrario, comentas tu situación negativa, tus problemas o tus desafíos a manera de "chisme" con las personas equivocadas que no saben cómo ayudarte, perderás energía y seguirás cavando un hoyo más profundo en vez de romper el patrón. El gran error del pensamiento condicionado es que solo se enfoca en lo negativo o en lo "que no tiene", y entonces sigue justamente atrayendo eso. Si piensas que estás bloqueado y no te salen las cosas, entonces así será; si piensas que las cosas están y estarán bien así será también. Es una ecuación muy simple, pero hay que entenderla, adaptarla e incluirla en los patrones de la mente.

El secreto de la ley de la atracción consiste en relajarte

A mi consultorio llegan muchas personas que, cegadas por la ansiedad, bloquean sus deseos. Si solo puedes pensar en que "las cosas sucedan" terminarás por bloquear el desarrollo natural de los eventos. Es muy importante que tengas claridad de lo que quieres, pero debes soltárselo al Universo y permitir que actúe con su propia sabiduría para tu más alto bien. A veces ocurre que luego de esperar llegan a tu vida resultados inesperados. Ten la seguridad y confía en que eso que llega a tu vida es lo mejor que te podrá pasar. Enfócate cada segundo en lo que realmente quieres, no en lo que no quieres, y cambia tu realidad. ¡Sí puedes y es fácil!

> "Como es adentro es afuera, nuestros pensamientos están a cada momento creando nuestra realidad. Atraemos cada situación, persona y evento de nuestra vida según la realidad que creamos con el pensamiento y la emoción. La ley de atracción gobierna todas las cosas".
>
> Buda

SEGUNDA PARTE

LOS DECRETOS DEL MÉTODO **SÍ PUEDO Y ES FÁCIL**

El ejercicio y la práctica diaria crean una disciplina en el cerebro y la repetición hace que reprogrames tu manera de pensar, sentir, hacer, hablar y percibir el mundo. El éxito del método sí puedo y es fácil consiste en afirmar un mismo decreto durante veintiún días y escribirlo siete veces diarias, ya que son siete los chacras o cuerpos energéticos y los planos de la conciencia.

Con el fin de modificar los malos hábitos y los pensamientos negativos y limitantes, es necesario que dediques de quince a veinte minutos diarios en la mañana o en la noche para realizar los ejercicios y repetir los decretos. Elige el horario que sea más conveniente para ti, lo importante es que no interrumpas el proceso para que logres los resultados que quieres. No olvides que el éxito está en la continuidad, en la disciplina y en el compromiso.

Siéntate en silencio y dedícale tiempo al trabajo más valioso e importante que podrás hacer en esta vida: rediseñarte a ti mismo y entrar en la sintonía del sí puedo y es fácil. Nada sucede de la noche a la mañana, todo requiere trabajo, dedicación, disciplina, amor y sobre todo pasión y compromiso para lograr un verdadero cambio de raíz y erradicar lo que por años estuvo gobernando tus actitudes, tus hábitos y tu manera de enfrentar el mundo.

A continuación encontrarás más decretos para que empieces a reprogramar tu mente. Elige el que más te convenga según tu necesidad y empieza a trabajar en el proceso. Cada decreto está diseñado para trabajar un plano diferente de tu conciencia. Tienes cinco cuerpos energéticos: el físico, el emocional, el mental, el espiritual y el etérico.

Los cinco cuerpos energéticos

El cuerpo físico: Está relacionado con el mundo material; tu cuerpo físico, tu salud, tus finanzas, tu casa, tus bienes materiales, tu alimentación, tu trabajo, tu dinero, tu sexualidad, la pasión por la vida y la capacidad de concretar metas. El elemento que rige el cuerpo físico es la tierra.

El cuerpo mental: Está relacionado con los pensamientos, el intelecto, la capacidad de enfocarnos, nuestra profesión, nuestros estudios, el poder mental, la visión, la sabiduría y la capacidad de aprender y enseñar. El elemento que rige el cuerpo mental es el aire.

El cuerpo espiritual: Está relacionado con la capacidad de transformar, de evolucionar, de salir del papel de la víctima y el estancamiento, y con el deseo ardiente de salir adelante, trascender, cumplir sueños y conectarnos con el propósito de vida e iluminación. El elemento que rige el cuerpo espiritual es el fuego.

El cuerpo emocional: Está relacionado con nuestras emociones, la capacidad de amarnos a nosotros mismos y amar el entorno. Tiene que ver con nuestras relaciones, con la capacidad de perdonar y agradecer, con la alegría, el júbilo y la manera como fluimos y celebramos la vida. El elemento que rige el cuerpo emocional es el agua.

El cuerpo etérico: Está relacionado con la creatividad, con la intuición, con la sensualidad, con el arte en todas sus formas: la danza, la poesía, el canto, la literatura, el teatro, etcétera. También tiene que ver con nuestra intuición, el "sexto sentido", la capacidad de percepción, nuestro magnetismo y sensualidad.

Los decretos

Decretos para fortalecer el cuerpo fisico y material

Sí puedo y es fácil todo en mi vida, soy abundante y atraigo abundancia, logro concretar todo lo que me propongo.

Sí puedo y es fácil ser próspero. Tengo tiempo y dinero para todo en mi vida. Mis negocios y mis proyectos profesionales prosperan cada día con éxito.

Sí puedo y es fácil tener salud perfecta. Mi cuerpo y cada órgano funcionann de manera adecuada, me alimento sanamente, respeto y honro mi cuerpo, tengo vitalidad, fuerza, flexbilidad y mucha energía cada día, me siento sano y proteguido.

Sí puedo y es fácil pagar todas mis deudas. Alcanzo mi bienestar económico: casa propia, vehículos, vacaciones, atraigo nuevas oportunidades de realización laboral, éxito y progreso.

Decretos para fortalecer el cuerpo mental

Sí puedo y es fácil tener una mente serena, positiva y visionaria. Elimino el ruido y los pensamientos limitantes, accedo al infinito poder de mi mente para crear la realidad que sueño y merezco. Mis pensamientos crean mi realidad.

Sí puedo y es fácil vivir en el presente, aquí y ahora es mi gran oportunidad, no existe el pasado y cada segundo de mi presente estoy sembrando el futuro.

Sí puedo y es fácil estudiar, aprender y superarme. Se me abren todas las puertas intelectuales (*escribe aquí los cursos, carerras, posgrados que quieras hacer*) para mi superación.

Sí puedo y es fácil cultivar pensamientos positivos y creativos. Logro enfocarme y concentrarme.

Sí puedo y es fácil despertar mi sabiduría interior, soy capaz de ver más allá de la superficie, soy un ser visionario.

Decretos para fortalecer el cuerpo emocional

Sí puedo y es fácil tener tiempo y espacio para mí. Me amo, me reconozco, me apruebo y me acepto tal como soy.

Sí puedo y es fácil ser amado. Atraigo y mantengo relaciones de pareja, familia y amistad armónicas, sanas, basadas en el amor verdadero, la lealtad y la felicidad.

Sí puedo y es fácil liberar el pasado, cualquier forma de decepción, frustración o apego. Vivo en el aquí y en el ahora.

Sí puedo y es fácil ser feliz. La felicidad es mi decisión y mi estado natural, cada día estoy creando más espacios de gozo en mi vida.

Sí puedo y es fácil perdonar y soltar el pasado. Vivo en gratitud cada segundo de mi vida. La gratitud es un imán para crear milagros y yo puedo crearlos.

Decretos para fortalecer el cuerpo etérico

Sí puedo y es fácil ser creativo. La inspiración es mi estado natural, nuevas ideas y oportunidades llegan a mí.

Sí puedo y es fácil expresar amor, verdad, bondad y belleza de manera espontánea. Puedo comunicarme con facilidad y ser asertivo.

Sí puedo y es fácil abrir mis canales de creatividad, expresión, sensualidad y gozo.

Sí puedo y es fácil bailar *(escribe aquí la práctica artística que te cueste trabajo o con la que sientas bloqueo, como pintar, cantar, hablar en público, etcétera).*

Sí puedo y es fácil atreverme a descubir nuevas facetas de mi personalidad, nuevos lugares, viajar e interactuar con personas de culturas diferentes. Abro mis sentidos a la aventura y a nuevos espacios.

Vibrar en gratitud: la frecuencia de los milagros

La gratitud es la frecuencia para crear milagros. Cuando te enfocas en agradecer todo lo que tienes, tanto lo bueno como lo no tan bueno. Y cuando ves las dificultades como bendiciones y las agradeces, entonces te abres a nuevos espacios de evolución, salud perfecta y cambios profundos en la realidad que vives. También construyes relaciones armónicas y atraes la felicidad, la abundancia, la belleza, la sabiduría y la conexión con la conciencia superior. La gratitud acorta el camino para llegar a cualquier lugar superior donde entrarás en una frecuencia mucho más elevada, en la que serás capaz incluso de crear pequeños y grandes milagros; todo consiste en creer que sí puedes y es fácil.

Aunque parece difícil de creer, todavía hay gente a la que le cuesta un trabajo enorme dar las gracias; personas que viven sumergidas en el dolor y en la amargura, como si fuera su estado natural; personas que establecen un patrón de sufrimiento y de carencia; personas esclavas de una cadena de deseo y ambición en que nada las satisface y no son capaces de ver más allá del propósito de estar vivos y no reconocen el enorme milagro de cada segundo de su existencia. ¿Por qué crees que tus hijos gritan porque llegas diez minutos tarde, lloran y hacen pataleta porque no les compras el juguete de moda? Porque no notan la gratitud que hay en ti ni se contagian de tu serenidad. La felicidad es una decisión: tú decides ser feliz, es una cuestión de actitud que irá evolucionando a medida que le encuentres sentido a todo lo que haces y aprendas a agradecer.

La gratitud no consiste únicamente en decir "gracias". Es un sentimiento profundo y sincero que no se limita solamente a las cosas maravillosas que te puedan ocurrir, a las flores que te regalen o al ascenso en el trabajo. Consiste en ir a lo pequeño, en agradecer lo difícil y en todos los aprendizajes pendientes que tienes para verdaderamente evolucionar.

Siente gratitud por cada célula, cada órgano, la sangre que recorre tu cuerpo, la posibilidad de ver, oír, hablar, tocar, pensar, abrazar, besar. Siente gratitud por el país en el que naciste, gratitud por el clima, por tus padres, tu familia y tus ancestros, porque sin ellos no estarías aquí. Siente gratitud por tu pareja, por ese compañero con el que has enfrentado tantas batallas y por tus hijos que te han dado la oportunidad de ser padre. Si no eres capaz de sentir gratitud, no podrás percibir la gran oportunidad de vivir, los instantes maravillosos que te ocurren, las cosas simples de la vida. Por ejemplo, la posibilidad de secarte el cuerpo con una toalla seca, desayunar, tener alguien a quien abrazar, percibir el olor de las flores, sentir el amor a través de la caricia de un ser querido, la textura de una sábana suave, la belleza de un atardecer, el olor de un postre recién horneado, tener ropa limpia y la posibilidad de ver un cielo estrellado.

Tal vez lo más difícil de este proceso de agradecimiento consista en agradecer a los que te han hecho daño porque te enseñaron a perdonar y a soltar con desapego. Agradécele a aquellas personas que te traicionaron, que te abandonaron o que te hirieron de alguna manera, porque estaban allí con un propósito específico, con el fin de mostrarte una faceta de tu ser que aún necesitaba pulirse. Nada sucede ni nadie aparece por casualidad en tu vida, por eso debes dejar de preguntarte *por qué* y empezar a percibir y a comprender el *para qué*.

El consultorio Prem Shakti

1. Elabora una lista en la que incluyas todas las cosas por las cuales te sientes agradecido.
2. Elabora una lista de todas las personas que han sido buenas contigo, te han aportado enseñanzas y te han valorado. ¿Por qué quisieras agradecerle a cada una?
3. Elabora una lista de las personas que te hicieron daño de alguna manera y agradéceles por lo que aprendiste de ellas.

Gracias a ti por leer este libro, por creer en tu infinito potencial, por saber que sí puedes y es fácil, porque así es. Deseo que seas infinitamente feliz, que te empoderes, que logres todo lo que sueñas. No olvides que todo está en tu mente, en la manera como piensas, en las decisiones que tomas y en la forma en la que te amas. Dentro de ti está el poder necesario para expresarte, crear, volar y realizar todo lo que te propongas en abundancia y felicidad.

Sí puedo y es fácil.

Espero que al terminar de leer este libro hayas aprendido a:

- Eliminar los pensamientos y actitudes limitantes donde ha reinado la palabra *no* en tu vida.
- Eliminar cualquier manifestación de carencia, bloqueo o enfermedad de la mente, del corazón o del cuerpo.
- Incluir en tu rutina diaria una reflexión, un ejercicio y un decreto de poder para reprogramarte y rediseñarte en todos los planos: físico, emocional, mental, espiritual y etérico.
- Implementar hábitos de pensamiento, palabra y acción en los que tengas tiempo y dinero para lograr todo lo que te mereces.
- Identificar las programaciones negativas instauradas en tu mente que te impidan ver con claridad las soluciones próximas y rápidas.
- Transformar patrones de estrés en hábitos de resolución de conflicto a través de la creatividad.
- Identificar de dónde provienen los pensamientos limitantes grabados en tu ADN y cómo deshacerte de ellos.
- Tomar conciencia de los momentos en los que asumas el papel de víctima o crees situaciones de sabotaje que te impidan lograr los resultados que deseas en lo económico, laboral, emocional y afectivo.
- Reconocer el miedo, su origen y la manera de transformarlo en fuerza, poder y energía positiva.

- Creer en la ley de atracción y en la capacidad de ser como un imán magnético capaz de atraer espacios positivos de realización laboral, afectiva y de buena salud donde no existan la lucha constante, el estrés y el conflicto.
- Aprender a vivir sin drama, sin juicio, sin crítica y sin comparación.
- Aplicar el sistema sí puedo y es fácil en tu vida diaria en las cosas pequeñas y grandes, desarrollando una nueva comprensión sobre la vida.

Agradecimientos especiales

A la vida, la gran escuela de aprendizaje.

A mis queridos lectores, alumnos, seguidores y pacientes que me han enseñado tanto y por quienes siento absoluta entrega y compromiso.

A mis maestros de vida: Mónica Dávila, mi madre, una mujer amorosa, valiente y generosa, quien me dio alas y apoyó siempre mi visión de vida. A mi padre, Gonzalo Canal, un hombre profundo, sensible y lleno de dulzura. A mis abuelos, Tita y Tati, mis grandes mentores y los responsables de mi amor por los libros y el estudio y por la capacidad de cuestionarme.

A Norys Uribe Santana, mi maestra espiritual, por su infinito amor, sabiduría, visión y apoyo durante todos estos años.

A Otilia Martínez, mi amada asistente, quien me ha acompañado a lo largo de 20 años de manera incondicional en todas las aventuras y proyectos.

A mis queridos *swamis* de la India, mis maestros de física cuántica en Estados Unidos, los chamanes de América

Latina y todos los guías y seres de luz que trabajan por el plan de evolución de la Tierra, de quienes he aprendido y me han inspirado de tantas maneras.

A mi academia Prem Shakti, nuestro lugar sagrado donde la magia sucede cada día con gran inspiración, pasión y disciplina.

A mi querida editora Laura Gómez, por su claridad y apoyo en este proceso.

A los desafíos y obstáculos que me empujaron a sacar todo mi potencial y a creer siempre en los milagros y en que sí puedo y es fácil hacer posible lo imposible.

¡Gracias!

«Para viajar lejos no hay mejor nave que un libro.»

Emily Dickinson

Gracias por tu lectura de este libro.

En **Penguinlibros.club** encontrarás las mejores recomendaciones de lectura.

Únete a nuestra comunidad y viaja con nosotros.

Penguinlibros.club

Penguin Random House Grupo Editorial

Penguinlibros